DESCON
FORME-SE

RICHARDE GUERRA
DESCON FORME-SE

UM ALERTA PARA O JOVEM DO SÉCULO 21

THOMAS NELSON
BRASIL

Copyright © 2017, Richarde Guerra

Todos os direitos desta publicação são reservados por Vida Melhor Editora, LTDA. As citações bíblicas são da *Nova Versão Internacional* (NVI), da Bíblia, Inc., a menos que seja especificada outra versão da Bíblia Sagrada.

Os pontos de vista desta obra são de responsabilidade de seus autores, não refletindo necessariamente a posição da Thomas Nelson Brasil, da HarperCollins Christian Publishing ou de sua equipe editorial.

Publisher	*Omar de Souza*
Gerente editorial	*Samuel Coto*
Editor	*André Lodos Tangerino*
Assistente editorial	*Marina Castro*
Edição de texto	*Daila Fanny Pinho*
Preparação e revisão	*Antônia de Fátima Fuini e Gisele Corrêa Múfalo*
Projeto gráfico e diagramação	*Sonia Peticov*
Capa	*Rafael Brum*

**CIP-BRASIL. CATALOGAÇÃO NA FONTE
SINDICATO NACIONAL DOS EDITORES DE LIVROS, RJ**

G964d

Guerra, Richarde
   Desconforme-se: um alerta para o jovem do século 21 / Richarde Guerra. 1ª ed. — Rio de Janeiro: Thomas Nelson Brasil, 2017.
   208 p. : il.

   ISBN 978-85-7860-941-2

   1. Jovens — Conduta   2. Jovens — Aconselhamento — Século XXI   3. Vida cristã   I. Título.

17-40570
CDD: 248.83
CDU: 27-584-053.6

Thomas Nelson Brasil é uma marca licenciada à Vida Melhor Editora, LTDA.

Todos os direitos reservados à Vida Melhor Editora LTDA.
Rua da Quitanda, 86 - sala 601A — Centro
Rio de Janeiro — RJ — CEP 20091-005
Tel.: (21) 3175-1030
www.thomasnelson.com.br

A todos os jovens do Brasil que têm buscado uma direção e uma justificativa para continuarem suas caminhadas nesse imprevisível e tortuoso século 21.

AGRADECIMENTOS

Em primeiro lugar, a Deus por mesmo sem ele precisar e eu sem merecer, escolheu-me para servi-lo integralmente há pouco tempo em uma mocidade tão vibrante e ao lado de pessoas tão preciosas; por me capacitar a conduzir essa importante tarefa e me permitir ver frutos tão vistosos em tempo recorde; pela inspiração para escrever este livro.

À minha maravilhosa esposa Priscila que, com paciência e entusiasmo, tem me acompanhado nesse caminho e nessa tarefa, sendo ao mesmo tempo amiga, amante, conselheira e intercessora. Não sei onde estaria sem ela. Amo você. Além de tudo, deu-me dois lindos filhos. Também amo vocês, Auí e Jojô.

Ao meu pai, Pr. Guerra, que agora também é colega na mesma igreja pela primeira vez em vinte e dois anos, e tem me ajudado muito na Juventude Lagoinha por meio da Clínica da Alma e das orações e direções. Um "parceirão".

À minha querida mãe Janete, sempre disposta a me ajudar no que for preciso.

Ao meu amado pa(i)stor Márcio, que todos os dias me liga de manhã e à noite, às vezes, mesmo sem um assunto específico, somente para me encorajar a ser um incansável imitador de Cristo que derrama seu infindável manancial de amor sobre minha vida e sobre toda a juventude da Lagoinha.

Ao meu parceiro, Pr. Lucinho Barreto, amigo de tantos anos, que tem me confiado responsabilidades e compartilhado desafios e com quem tenho aprendido a não ter limites para a ação do Espírito Santo pela sua multiforme graça. Juntos, estamos vendo e construindo a história da igreja, bem como participando dela. Obrigado pela confiança, abnegação, exemplo e parceria.

Enfim, a toda a equipe de mocidade Igreja Batista da Lagoinha, que tem me acompanhado por todos esses anos e agora pode ver que tem valido a pena.

A todos, muito obrigado.

SUMÁRIO

PREFÁCIO ... 11

O CHAMADO PARA DESCONFORMAR-SE ... 13

1. Cada cabeça, uma sentença ... 27
*Desconformando-se do relativismo, pluralismo
e sincretismo religioso*

2. O Senhor de fato(s) ... 51
Desconformando-se do dualismo, cientificismo e ateísmo

3. Um vazio do tamanho de Deus ... 77
Desconformando-se do paganismo

4. O novo d(EU)s ... 101
Desconformando-se do egoísmo, narcisismo e hedonismo

5. Tenho, logo existo ... 127
Desconformando-se do consumismo

6. Isso não funciona! ... 153
Desconformando-se do imediatismo e pragmatismo

UM PASSO ALÉM DO DESCONFORMISMO ... 179

NOTAS ... 189

SOBRE O AUTOR ... 203

PREFÁCIO

Vivemos numa época pós-moderna em que se acredita ser tudo relativo (não há uma verdade absoluta), tudo depende do ponto de vista de cada um; não existe o certo e o errado e cada um constrói a sua verdade. Acredita-se que "todos os caminhos levam a Deus", ou ainda, cada um cria seus próprios deuses, seus próprios conceitos e sua própria moral.

Neste livro, meu querido amigo pastor Richarde Guerra trata desses e de outros assuntos de forma inteligente e embasada. Por meio de contextualização histórica e cultural, leva o leitor a questionar e a reformar a mente em relação a essas ideias que permeiam a sociedade moderna, para que não tomemos a forma do mundo em que vivemos. É importante ressaltar que não é o mundo que nos molda, mas sim, Cristo.

O autor não nos propõe sair do mundo e passarmos a viver escondidos numa "bolha fofa" onde só viveríamos com nossos irmãozinhos e tudo seria lindo e florido, até porque este lugar não existe. Deus criou o mundo e tudo o que nele há, e nós fazemos parte deste mundo.

Guerra expõe que muitos buscam uma maneira de preencher um vazio existente, por intermédio de um conceito filosófico, os chamados de "ismos" (relativismo, pluralismo, paganismo, dualismo, ateísmo, sincretismo etc.) e esses conceitos tiram Deus do centro. Devemos enxergar o mundo com a visão de Cristo, tendo a Bíblia como fonte de sabedoria.

O livro é um chamado para desconformar-nos, e sua leitura nos leva a uma transformação pessoal por meio do aprendizado que encontramos em Romanos 12:2: "Não se amoldem ao padrão deste mundo, mas transformem-se pela renovação da sua mente, para que sejam capazes de experimentar e comprovar a boa, agradável e perfeita vontade de Deus".

Somos bombardeados o tempo todo com questionamentos sobre nossa crença. Será que sabemos defender a nossa fé cristã? Ou se formos questionados com os argumentos filosóficos ficaríamos mudos, igual a uma "mula no vagão", só balançando a cabeça? Qual embasamento temos para dizer que a palavra de Deus é verdadeira?

Leia este livro, aprenda e desconforme-se. Transforme sua mente na mente de Cristo.

PASTOR LUCINHO BARRETO
*Líder de jovens da Igreja Batista da Lagoinha
e do ministério Loucos por Jesus.*

O CHAMADO PARA DESCONFORMAR-SE

O CHAMADO PARA DESCONFORMAR-SE

Ser um verdadeiro homem ou uma verdadeira mulher de Deus traz muitos desafios, não importa em que época da história ou em que lugar do mundo a pessoa tenha nascido.

Afirmo isso com certeza não porque não sou eu quem está dizendo, mas porque Jesus alertou seus primeiros seguidores sobre isso, quando falou:

> Se o mundo os odeia, tenham em mente que antes odiou a mim. Se vocês pertencessem ao mundo, ele os amaria como se fossem dele. Todavia, vocês não são do mundo, mas eu os escolhi, tirando-os do mundo; por isso o mundo os odeia. Lembrem-se das palavras que eu lhes disse: nenhum escravo é maior do que o seu senhor. Se me perseguiram, também perseguirão vocês (João 15:18-20a).

Não fazer parte do mundo traz desafios para os seguidores de Cristo, pois eles foram retirados do mundo por Jesus, "por isso o mundo os odeia."

É claro que esse sentido não é literal, porque nós, discípulos de Jesus, continuamos vivendo neste mundo. Para entender o que o Mestre disse, temos de perceber o que a palavra "mundo" significa na Bíblia, e principalmente nos textos do apóstolo João.[1] Esse termo, que em grego se chama *kosmos*, pode ter três significados diferentes:

- A Terra, o universo, e a criação, de modo geral (como em João 1:10: "Aquele que é a Palavra estava no *mundo*, e o *mundo* foi feito por intermédio dele").
- As pessoas que vivem na Terra (como em João 1:29: "Eis o Cordeiro de Deus, que tira o pecado do *mundo*").
- O grupo de pessoas hostis a Deus (como na segunda parte de João 1:10: "mas o *mundo* não o reconheceu").

A palavra "mundo", no texto de João 15:18-20, tem a terceira definição: o mundo sem Deus, o mundo que se opõe a ele. Numa esfera espiritual, fomos retirados desse "domínio das trevas" e transportados para o "Reino do seu Filho amado" (Colossenses 1:13). Mas na esfera física, continuamos bem aqui, no planeta Terra, vivendo lado a lado com pessoas que não reconhecem o Deus Criador e que, mais do que isso, o odeiam. E porque o odeiam, odeiam também todos aqueles que o seguem e insistem em dizer que ele é real.

Com isso, podemos entender que, se o cristão não experimenta nenhuma oposição, nenhuma dificuldade, nenhum ódio por parte do mundo, então existe algo errado. E eu diria que o problema é que essa pessoa, ainda que não pertença ao mundo (porque Jesus a retirou dele), vive, pensa e se comporta como *se pertencesse* ao mundo.

Em algumas épocas da história e em alguns lugares do planeta, pertencer a Cristo é tão radicalmente diferente de tudo ao redor que não existe a menor chance de o cristão agir como se fosse do mundo. Por exemplo, no Império Romano, o culto aos deuses fazia parte do dia a dia das pessoas — havia altares aos ídolos não só nos templos, mas também nos locais de trabalho e nas casas — e quando alguém se tornava cristão, era praticamente impossível continuar vivendo como antes, porque seu modo de vida estava totalmente misturado com suas crenças religiosas.

Ainda hoje, isso acontece em algumas culturas com uma religião notadamente diferente do cristianismo, como na Índia, onde o hinduísmo também cultua muitos deuses e pratica diversos rituais de oferendas e sacrifícios a eles. Tanto no Império Romano dos primeiros séculos, como na Índia do século 21, as pessoas que seguem a Jesus se tornam tão diferentes do restante da sociedade que isso gera (e gerou),

O CHAMADO PARA DESCONFORMAR-SE

muitas vezes, um ódio profundo, que causou (e causa) a morte de diversos irmãos em Cristo.

Mas aqui em nosso país, e em boa parte do que é chamado de ocidente, essa diferença não fica tão clara. Não é Jesus *versus* Zeus ou Krishna. O que temos de enfrentar está mais camuflado; não é uma pessoa, uma divindade ou uma religião. É uma *cosmovisão*, ou seja, uma maneira de ver o *kosmos*, isto é, o mundo.

VENDO O MUNDO COM INSTAGRAM

A cosmovisão funciona mais ou menos como os filtros para fotos disponíveis no Instagram. Você tira uma foto comum, e aplica o filtro que quiser para deixar a imagem mais interessante. Mas, diferentemente do Instagram, não é possível ver o mundo sem filtro nenhum. Sempre enxergamos as pessoas e situações com as quais lidamos por meio de um filtro. Voltando ao exemplo do Instagram, se você usa um filtro preto e branco, tudo fica em tons de cinza, não importa quão colorido for o cenário. Se é o filtro amarelado, tudo iria parecer meio desbotado e antigo; e assim por diante. Todo mundo, ainda que não saiba, tem uma cosmovisão.

No entanto, a cosmovisão não serve apenas para ver o mundo, mas para pensar sobre ele. É ela que as pessoas usam quando refletem sobre o sentido da vida, sobre o que irá lhes trazer felicidade. Assim, ela responde as perguntas mais fundamentais do ser humano, que podem ser resumidas nestes três princípios:

1. Como tudo começou? De onde viemos? Qual é o nosso propósito?
2. O que deu errado? Qual a fonte de todo mal e sofrimento?
3. O que fazer a esse respeito? O que pode ser feito para consertar definitivamente determinado erro?[2]

Estes pontos são resumidos em três conceitos gerais:

> **1. Criação**
>
> **2. Queda**
>
> **3. Redenção**

Se você for cristão, certamente se sentirá confortável em responder a cada um desses princípios, de acordo com a Bíblia, usando o conteúdo que aprendeu na escola dominical ou em outros grupos de estudo de sua igreja. Como veremos ao longo deste livro, este é o caminho para encontrar a resposta.

No entanto, as pessoas respondem a essas perguntas de acordo com a própria opinião, sem se preocupar se há ou não uma resposta correta. Podem achar que tudo começou com uma grande explosão e que o motivo do mal no mundo é a ganância, e a solução para vencê-lo é buscar a felicidade. As respostas podem variar, mas se você tiver paciência para ter um papo-cabeça com quem não seja cristão, vai logo perceber que as explicações sobre os três princípios são bem diferentes do que a Bíblia ensina. Por outro lado, verá que algumas respostas geralmente são parecidas.

Isso acontece porque dificilmente as pessoas têm uma cosmovisão só delas. Assim como toda a Terra se vale da luz do sol para definir as cores e as formas, cada época e cultura tem uma cosmovisão predominante sobre a sociedade, e as pessoas procuraram adaptar-se a ela.

A cosmovisão que predomina no ocidente hoje (mas que, com a globalização, tem alcançado mais e mais lugares) é tão jovem que ainda nem tem um nome exato. Os pensadores contemporâneos sabem que ela se diferencia, em muitos pontos, do que era conhecido como "Idade Moderna"; por isso ganhou o nome de "pós-modernidade", "modernidade tardia" e, para os críticos da religião, "pós-cristianismo". Neste livro, vou usar o termo "pós-modernidade" para me referir ao momento histórico que vivemos hoje.

O QUE É SER PÓS-MODERNO?

Sei que você não esperava ter uma aula de História quando pegou esse livro para ler (e nem eu tinha essa intenção, sou muito mais uma aula de Química!), mas se quisermos entender bem o mundo de hoje, precisamos dar uma olhada na maneira como chegamos até aqui. Prometo que será rapidinho.

Pelo nome, já dá para perceber que o *"pós*-modernismo" veio *após* um movimento chamado "modernismo". Os filósofos entendem que o Modernismo teve início com o Iluminismo. O Iluminismo foi uma forma de pensar que surgiu no século 18, dentro do período histórico chamado Renascimento (que começou por volta do século 14, trazendo o fim da Idade Média).[3]

A principal característica do Iluminismo foi o predomínio da razão, ou seja, o pensamento foi supervalorizado. Os iluministas não acreditavam em explicações místicas ou espirituais para os fenômenos do mundo e entenderam que o raciocínio era suficiente para descobrir a verdade por trás dos acontecimentos. Consideravam que apenas a natureza física existia de fato. Assim, aquilo que não podia ser examinado e provado pela ciência, por exemplo, Deus, espírito, alma — não era real. Por se basear somente em fatos verificáveis, a ciência seria a verdadeira e última forma de conhecimento. (Teve até quem dissesse que a ciência havia desbancado a religião, tornando-se a única fonte da verdade absoluta.) Nasceu, assim, a ciência moderna, que apresentava o pensamento lógico e o método científico como o caminho para a evolução da humanidade.

No entanto, apesar dos grandes e importantes avanços da ciência, ela não conseguiu responder a todas as perguntas. Filósofos e pensadores começaram a se questionar: "Será que dá mesmo para conhecer alguma coisa *de verdade*?" Immanuel Kant (1724—1804) foi um deles. Em seus escritos, Kant afirmou que havia uma brecha entre o que o homem podia supor e o que ele, de fato, poderia saber.[4] Essa teoria de Kant indicava que a Idade Moderna — a era em que o homem, pela ciência e pelos fatos concretos, tentou chegar à verdade suprema — estava se aproximando do fim. Porém, o *fatality* veio de outro filósofo, décadas depois: Georg Hegel (1770—1831). Hegel (se você nunca ouviu falar dele, o nome dele se pronuncia assim: "rei-guel"), seguindo o pensamento de Kant, afirmou que em vez de o homem ter de decidir entre o que ele percebe e o que ele sabe, poderia ficar com as duas coisas.[5] A verdade não precisava ser um ou outro. Ela poderia ser as duas coisas. Poderia ser *relativa*.

Esse entendimento de que não existe uma verdade absoluta, e que cada um é autor da sua história e de sua verdade — o *relativismo* — é uma das grandes marcas do pós-modernismo. Assim, nem religião nem ciência detêm o conhecimento absoluto sobre as coisas, porque nada é a verdade definitiva. O que importa não é a realidade, mas a forma pela qual somos capazes de detectá-la e entendê-la. As coisas são boas *e* más; importantes *e* fúteis, claras *e* escuras, dependendo do ponto de vista.

Esse pensamento parece familiar para você?

Acredito que sim. Ainda que a gente não viva cercado por filósofos pensadores, a cosmovisão pós-moderna, como o relativismo e outros "ismos" que veremos ao longo deste livro, é a linha que conduz o raciocínio da maior parte das pessoas hoje. Ela não está apenas nas universidades ou nos discursos sociológicos, mas na arte, na literatura, na cultura pop — nos lugares de onde as pessoas tiram suas ideias sobre a vida. Você vai encontrar os "ismos" pós-modernos nas propagandas da TV, nos seriados da Netflix, nas músicas do Spotify, nos posts do Facebook e por aí vai. Toda a nossa cultura está mergulhada neles.

Aqui mora o perigo.

O pós-modernismo possui tendências que se opõem à Bíblia. O cristianismo prega que há, sim, uma verdade absoluta: verdade essa que é o próprio Deus, revelado em sua Palavra; verdade que nos abre os olhos e nos torna livres (João 8:3). Assim, como ela não está oculta, não posso sair por aí criando minha própria versão da realidade. Se há um Deus que é a verdade, tenho de me submeter a ele e ao que ele diz ser real ou não.

Para sobreviver nesse mundo em desequilíbrio, precisamos entender a voz do Espírito Santo. Ele é o absoluto e a referência a partir de onde podemos avaliar e interpretar todas as coisas que acontecem ou são ditas ao nosso redor.

COPO DE ÁGUA OU CUBO DE GELO?

Ok, fim da aula de História. Agora vamos para a aula de Química (quero ouvir você gritando comigo: "Uhuuu, finalmente!!!"): qual é a diferença do estado líquido para o estado sólido?

"Hein?"

Ficou meio difícil? Deixe-me reformular: o que distingue uma poça de água de um cubo de gelo? Quimicamente falando, são iguais. Os dois são a mesma molécula e possuem praticamente a mesma densidade. Mas você sabe, por experiência própria, que água e gelo não são iguais.

Só existe uma coisa que diferencia os dois estados, quimicamente falando: a sua *forma*. O estado líquido tem o que se chama de "forma variável". Se você pegar um copo e encher com a água da torneira, a água vai assumir o formato do copo. Se você jogar a mesma água dentro de uma forminha de *cupcake*, a água vai se amoldar à forminha, e

O CHAMADO PARA DESCONFORMAR-SE

assim por diante. Os elementos em estado líquido assumem a forma do recipiente em que estão.

O estado sólido, porém, tem uma "forma constante". O cubo de gelo, dentro do copo ou da forminha de *cupcake*, vai ter exatamente o mesmo formato de cubo. Por ser sólido, ele não irá variar, não importa em qual recipiente esteja.

Quis mencionar isso porque nós encontramos na Bíblia uma ordem para sermos cubos de gelo no que diz respeito a este mundo:

> E não vos conformeis com este século, mas transformai-vos pela renovação da vossa mente, para que experimenteis qual seja a boa, agradável e perfeita vontade de Deus (Romanos 12:2, ARA).

Neste versículo está a base deste livro. Paulo faz um chamado aos cristãos para se desconformarem com este século. Isso não significa ficar inconformado, mas não *tomar a forma* do mundo em que vivemos. Se ele fosse um químico, teria escrito: "Não sejam líquidos", ou "Não assumam a forma do recipiente em que vocês estão."

A palavra que Paulo usou nesse versículo, traduzida como "século" é, em grego, *aión*, e significa "uma era, ou época, determinada por uma característica específica."[6] Não se trata do mundo naquele sentido de "pessoas hostis a Deus", mas de comportamentos e pensamentos típicos de uma época, que se chocam com a verdade de Deus em aspectos diferentes de outras épocas.

É interessante que cristãos de todas as eras têm de obedecer a esse chamado de desconformar-se, não importa quando e onde vivem: no Império Romano, na Idade Média, no Iluminismo, na Idade Moderna, na era pós-moderna. Todos eles (e nós, hoje) tiveram e têm de lutar para não se amoldarem à cosmovisão do século em que vivem.

Como a igreja fez isso ao longo dos séculos, e como você pode fazer isso hoje?

Não é fugindo, até porque seria impossível (apenas se você conseguisse entrar em uma máquina do tempo e fugir para outro século. Mas ainda assim, como acabamos de ver, você também seria chamado a se desconformar com aquele mundo). Esse é o problema da cosmovisão do mundo, não importa em qual era vivamos: ela está presente em quase todos os lugares. Você liga a TV e — bum! — ela está lá. Você desliga a TV e abre um livro e — pow! — está lá também. Você fecha o livro e vai dar uma volta na rua e — bang! — ela surge mais uma vez. E ainda que você ache que a solução, então, é criar uma Batcaverna na sua casa e nunca mais sair de lá, tome cuidado: é bem provável que essa cosmovisão já esteja *dentro* de você, ou seja, na sua mente. Afinal de contas, você achou que ficaria imune, estando exposto a ela 24 horas por dia?

Assim, em vez de fugir do problema, você tem de agir de uma maneira proativa. Em muitos casos, a Bíblia não se resume a dizer: "Não faça isso!" Ela vai além, e orienta: "Faça isso *em vez* daquilo." Ela nos convida a substituir as práticas ruins que temos, fruto do nosso pecado, por práticas boas, fruto da ação do Espírito Santo em nós. Assim, "o melhor modo de repelir uma cosmovisão ruim é oferecendo uma boa."[7] No entanto, só podemos divulgar a boa cosmovisão se tivermos assimilado ela por dentro, se for ela o filtro que usamos para ver o mundo. O segredo para isso é nos transformar pela renovação da nossa mente. Essa é a única maneira de se desconformar.

Para renovar a mente, temos de mergulhá-la nas águas transformadoras das Escrituras, e permitir que elas purifiquem nossos conceitos e padrões. Precisamos absorver as verdades eternas de Deus para sermos mais sólidos, mais consistentes, e não nos conformarmos ao que todo mundo pensa e diz ser o certo.

Isso vai muito além de trocar um jeito de pensar por outro: "Em vez de acreditar no big bang, eu acredito que Deus criou o mundo." Transformar a mente significa submeter toda nossa forma de pensar ao Senhor do universo, e dispor-nos a ser ensinados por ele. "Um modo de reconhecer seu senhorio é interpretar cada aspecto da criação, levando em conta a verdade divina."[8] Necessitamos entender que só existe um jeito de ver o mundo e entender seu propósito: por meio da boa cosmovisão do Criador. Pela Palavra, sabemos que o mundo foi criado bom, que o pecado perverteu todas as coisas (inclusive nosso jeito de pensar sobre o mundo), e que a restauração de todas as coisas só é possível em Cristo.

Somente pela Bíblia é que conseguimos entender a época em que vivemos e detectar os pecados disfarçados de sabedoria, de intelectualidade, de tendência e de outras coisas. Quando o cristão se aproxima da verdadeira fonte de sabedoria, ele entende que nela estão as ferramentas de que precisa para avaliar o mundo em que vive e percebe que ela oferece respostas melhores do que qualquer outra cosmovisão que existe ou já existiu.[9]

Neste livro, quero examinar com você, à luz da Bíblia, algumas tendências da cosmovisão pós-moderna — relativismo, individualismo, secularismos e tantos outros "ismos". Depois, ao fim de cada capítulo, você encontrará dicas práticas de como reformar a mente para ajustar-se à boa cosmovisão fundamentada em Deus e em sua Palavra, a única fonte de verdade eterna para o ser humano de todas as épocas.

CADA CABEÇA
UMA SENTENÇA

1

CADA CABEÇA, UMA SENTENÇA

DESCONFORMANDO-SE DO RELATIVISMO, PLURALISMO E SINCRETISMO RELIGIOSO

Há alguns anos, os usuários das redes sociais praticamente se dividiram em dois grupos por causa de um vestido. Se você não se lembra do caso (afinal de contas, foram tantas outras sensações na internet depois desse caso), eu conto a história. Uma moça escocesa postou no Tumblr a foto de um vestido que, para uns, era azul e preto e, para outros, era branco e dourado. Não sei como nem por quê, de repente, esse assunto foi um *trending topic* do Twitter em todo o mundo e ninguém chegava a um acordo quanto à cor do vestido. Semanas depois, o site da BBC Brasil publicou uma matéria sobre o caso e chamou até especialistas para explicarem por que as pessoas enxergavam cores tão diferentes num mesmo objeto. Eles disseram que, diante do vestido, o cérebro de alguns imaginava uma fonte de luz que alterava a cor do tecido e tentava compensar isso de alguma maneira. Cada um fazia sua própria compensação e, por isso, enxergava uma cor diferente no vestido.[1]

Com certeza não foi este caso que criou a máxima "Não há fatos, apenas interpretações",[2] mas o exemplo mostra que no mundo real não faltam situações em que as pessoas discordam quanto à verdade, deixando a impressão de que o significado dessa verdade é relativo, afinal, tudo depende do ponto de vista.

No caso do vestido, os especialistas puderam determinar a razão pela qual cada um via o vestido de uma cor diferente, e vários testes de computador provaram que o vestido, na verdade, era preto e azul.

Porém, em outras situações da vida em que não dá para chamar um especialista — ou naquelas em que os especialistas de plantão discordam entre si —, simplesmente se entende que a verdade absoluta está oculta a nós, meros mortais, e o que nos resta fazer é criar nossa própria verdade com aquilo que temos à mão. Por isso, ainda que todo mundo diga que o vestido é preto e azul, se eu continuo vendo branco e dourado, ele é branco e dourado *para mim* e ponto final.

Cada cabeça, uma sentença: é assim que se vive no século 21. Somos incentivados o tempo todo a criar nossa própria história, fazer nossas próprias escolhas, tirar a nossa própria conclusão dos fatos. O que nos guia é a nossa própria felicidade — o certo é o que nos faz bem — e também não há problema em mudarmos de ideia, caso cheguemos à conclusão de que nossas escolhas não deram o resultado que esperávamos.

Esse jeito de pensar de que cada pessoa identifica a verdade que dá significado à sua vida e à sua história é chamado de *relativismo*, sobre o qual já conversamos um pouco na introdução deste livro. Ele é uma das principais marcas da cosmovisão pós-moderna e está baseado na suposição de que a verdade não é única, absoluta, mas sim o resultado das próprias experiências do ser humano. Como cada um tem sua própria experiência, baseada em sua história de vida, seu gosto pessoal, seu temperamento, entre outras preferências, pode haver diversas verdades, todas valendo a mesma coisa.

Vamos pensar num exemplo prático. Imagine que quatro amigos vão almoçar na praça de alimentação de um shopping. Cada um se dirige a um restaurante diferente, faz seu pedido, e depois os quatro se encontram na mesma mesa, cada um com seu prato.

- O primeiro vai comer hambúrguer.
- O segundo vai comer sushi.
- O terceiro vai comer macarrão.
- O quarto vai comer churrasco.

Diante disso, eu lhe pergunto: quem vai comer o alimento *certo*? Você pode encontrar uma resposta de duas formas:

1. Entender que existe um almoço certo (já que estou perguntando, tem de ter uma resposta certa), e pensar em situações que justifiquem a escolha de cada rapaz, levando em conta itens como saúde, o

quanto tinham de dinheiro para pagar pelo almoço, entre outras considerações.

2. Entender que não existe uma comida certa, e que cada um come o que quiser. Essa é uma resposta *relativista*.

Esse fato é apenas um exemplo, mas a ideia de que cada um escolhe o que é certo ou verdadeiro para si (e ninguém tem nada com isso) vai muito além do almoço. Como o relativismo entende que não existe uma verdade suprema, também não há padrões supremos. Assim, cada pessoa é livre para expressar suas preferências e opiniões em qualquer assunto, desde o que vestir até com quem se relacionar sexualmente. Como não existe mais *A* opção certa, todas são aceitáveis.

A política é uma área em que esse conceito de verdade relativa tem atingido o seu ponto máximo. Tanto estudiosos políticos, como também o público mais observador têm notado que, na hora de influenciar o povo em uma campanha política, a verdade quase não tem relevância alguma. As pessoas dão mais valor a um discurso que mexa com seus sentimentos e reforce suas crenças pessoais do que a um plano bem fundamentado de governo. Essa noção — de que há situações em que fatos são menos influentes do que o apelo emocional — ganhou até uma expressão, o termo *pós-verdade*, que foi escolhido pelo dicionário Oxford como a palavra do ano de 2016.[3]

Em outras palavras, a verdade está tão, mas tão relativizada que não importa mais nem se é verdade. O que importa é apenas se ela mexe comigo e apoia aquilo em que eu creio.

Mas, espere, isso não é tudo! As consequências vão se desdobrando quase sem percebermos. Como todas as opções são viáveis, não existe isso de "certo ou errado." Cada um constrói sua verdade, e assim como os outros têm de respeitar o seu ponto de vista em relação à vida, você também tem de tolerar quem pensa diferentes de você.

Vamos voltar ao exemplo do almoço. Imagine que o rapaz que pediu macarrão não gosta do cheiro de peixe, mas um de seus amigos comprou sushi. O que ele pode fazer? Ou sai da mesa e come sozinho na mesa ao lado (enquanto seus amigos dizem que ele é antissocial) ou ele tolera o cheiro para não perder a amizade, assim como os outros irão tolerar o cheiro do molho de tomate do seu macarrão.

Essa forma de pensar, priorizando a tolerância e a diversidade, é chamada *pluralismo*. Você já deve ter ouvido frases do tipo "Vivemos em uma sociedade pluralista." Isso significa que nossa sociedade engloba e abraça diferentes tipos de pessoas: de raças diferentes, posições sociais diferentes, religiões diferentes, opções sexuais diferentes, gostos musicais diferentes, etc. Seria como se os amigos do shopping colocassem uma plaquinha na mesa dizendo: "Nessa mesa, cada um come o que quiser. Todos os pratos são aceitos. Almoçamos num grande espírito de harmonia e fraternidade." Parece lindo. Mas esse pensamento diz, inconscientemente, que, se alguém quiser sentar ali para comer um bife de carne humana, a mesa inteira vai ter de tolerar isso também. Você acha isso um absurdo? E é mesmo. O problema da tolerância total é que ela pode ser levada aos extremos.

Você talvez esteja percebendo que, se todo mundo for levar isso ao pé da letra, a sociedade vai, praticamente, entrar em colapso. Então, a fim de evitar o caos total que esse estilo de vida pode causar, foi criado o conceito de "politicamente correto". Ser politicamente correto, a princípio, tratava só das palavras que se usavam (por exemplo, não é politicamente correto chamar "gordo" de "gordo"), mas esse conceito, de maneira ampla, significa agir de um modo que não agrida os sentimentos de outra pessoa e também o meio ambiente, a sociedade, etc.

O padrão para declarar o que é politicamente correto ou incorreto é a própria sociedade e sua cultura. À medida que a cultura vai mudando, a noção do que é politicamente correto ou incorreto muda também. Assim, se antigamente não tinha problema um médico dizer ao seu paciente: "O senhor está gordo, trate de perder peso para preservar o seu coração." Ele vai ser considerado um ogro se falar assim. Na linguagem politicamente correta, ele deveria dizer: "O senhor está no grau 2 de obesidade."

As implicações do relativismo e do pluralismo são, como você pode ver, bastante extensas. Essa forma de pensar dá a cada pessoa a liberdade de criar seu próprio "reino da verdade particular."[4] Com base nas suas verdades particulares, as pessoas determinam sua própria escolha moral (por exemplo, "É certo trair?", entre outras), sua própria ética ("É certo praticar o aborto?", entre outras) e sua própria verdade espiritual ("Qual é o Deus verdadeiro?", entre outras).

Falando sobre religião e crenças, cada um é livre para crer no que quiser — em Deus, em anjos, em duendes, em unicórnios. A verdade sobre Deus já não é mais "uma verdade objetiva à qual nos submetemos",[5] mas uma "opinião pessoal" sobre quem ou o que Deus é e como ele deve ser tratado.

Deus, aliás, não é mais uma entidade, mas um *conceito*. Há uns anos, havia uma propaganda da marca Brastemp de eletrodomésticos, em que aparecia uma pessoa falando sobre um aparelho de outra marca que ela tinha comprado. Na propaganda, o produto da concorrência até dava para o gasto, mas não era *"uma Brastemp"*, ou seja, não era tão bom como os produtos da Brastemp. Qual a ideia da propaganda? Transformar a empresa e a marca Brastemp num *conceito*, no caso, o conceito de algo de boa qualidade.

O mesmo aconteceu com Deus. Essa palavra deixou de significar o "ser supremo" — não só da perspectiva cristã, mas da perspectiva de qualquer outra religião teísta (como o judaísmo e o islamismo, por exemplo) — para significa uma "força maior", uma "luz", um "pensamento positivo".

Em uma matéria da revista *IstoÉ* sobre as novas formas de religião no Brasil, uma professora de ciências sociais e religião afirmou que "Deus é [...] pouco ortodoxo, redesenhado a lápis, cujos contornos podem ser apagados e refeitos de acordo com a novidade da próxima experiência".[6] Esta professora, com base em suas pesquisas acadêmicas, percebeu que os brasileiros não estão se prendendo mais à ideia de Deus, transmitida pelo cristianismo (principalmente católico), mas que, com base nas diversas correntes religiosas que experimentam, criaram sua definição pessoal do que é Deus. Por isso, a professora disse que Deus estava sendo "desenhado a lápis": sempre dá para apagar e desenhar outra coisa em cima.

O que essa reportagem mostrou, ao lado de várias pesquisas e estatísticas, é que o brasileiro pós-moderno não tem mais a necessidade de se filiar a uma única religião para "desenvolver" o seu lado espiritual, mas que ele pode experimentar várias linhas religiosas e construir sua própria fé e crença em Deus. É tudo uma questão de sentir-se bem e abraçar aquilo que mais tem a ver com a sua personalidade ou situação atual.

É por isso que, entre outros motivos, 8% dos brasileiros disseram na pesquisa do Censo de 2014 que eles não possuem religião. "O fato de um indivíduo se declarar sem religião não significa necessariamente que ele seja ateu ou agnóstico", comentou um professor da PUC-Rio. "Muitas vezes, as pessoas acreditam em Deus, mas também em Iemanjá e no espiritismo, e não participam das instituições religiosas."[7] Essas pessoas não são contra coisas sagradas ou valores religiosos, mas sim contra a instituição religiosa ou até mesmo a figura de um mediador, como um padre ou pastor, por exemplo. "A crença no sagrado está dentro de cada um na forma de energia e espiritualidade." [8]

Esta última frase mostra que, agora, religião e espiritualidade não são mais a mesma coisa. Religião diz respeito a prédios, a denominações, a doutrinas e rituais — e muita gente torce o nariz quando fala desse assunto porque logo pensa em obrigações e proibições. Já a espiritualidade é muito mais *light*. Ela fala da sua experiência pessoal, de "ter fé" (sem importar muito em que você coloca sua fé, só é preciso ter). E se aquilo em que você tem fé não está funcionando muito bem, você procura outra coisa, ou combina as duas. É o que mostrou a reportagem da *IstoÉ*, "cada vez mais as pessoas estabelecem uma relação utilitária com a religião. [...] se não há retorno (material, na maioria das vezes), o fiel procura outra prestadora de serviço religioso."[9]

Essa tendência de misturar tudo num coquetel religioso se chama *sincretismo religioso* e, de acordo com estudiosos da sociedade, trata-se de um dos traços mais importantes da cultura brasileira.[10] Diferentemente de outros países, vivemos em uma cultura em que a fé ainda é considerada muito importante — o que não importa é em que você coloca sua fé. Como disse um entrevistado a outra reportagem, "Eu acredito em tudo um pouco e ao mesmo tempo em nada disso, mas não sou sem fé. Eu tenho muita fé na física, por exemplo."[11]

EXISTE UMA RESPOSTA CERTA?

Como esses três "ismos" — relativismo, pluralismo e sincretismo religioso — podem afetar a vida de um cristão? Mais precisamente, como pode afetar a sua vida, como jovem cristão, e o que você pode fazer diante disso? É sobre esse assunto que vamos tratar até o fim do capítulo.

Pode parecer que, dos três pontos, apenas o sincretismo religioso seja o mais importante por se tratar de religião. Os outros dois, relativismo e pluralismo, podem parecer um tanto chatos e filosóficos e nada a ver com as coisas espirituais como ler a Bíblia, orar, ir à igreja. Mas eles têm TUDO a ver com sua vida e sua fé.

Geralmente, partimos do princípio que o cristianismo tem a ver apenas com coisas espirituais, como Deus, perdão, vida eterna,

CADA CABEÇA, UMA SENTENÇA

amor, etc. Assim, quando lidamos com coisas não espirituais (como a faculdade, a profissão, o namoro, etc.), usamos, ainda que inconscientemente, o modo de pensar não cristão que circula por aí, na TV, na nossa roda de amigos, na sala de aula.

Está tudo ligado à cosmovisão. Pense no exemplo do Instagram, que usamos no começo do livro. Existem dezenas de filtros disponíveis, mas você só pode usar *um* de cada vez. Então você usa o filtro que parece mais apropriado ao tipo de foto que está editando: se é uma imagem de crianças ou de brinquedos, usa o filtro mais azulado; se é de um lugar mais escuro, usa preto e branco, e assim vai.

Da mesma forma, você consegue adotar a cosmovisão cristã quando trata de assuntos "espirituais", e uma cosmovisão não cristã quando fala de temas não espirituais. Mas isso é um problema, como vimos, porque o nosso chamado é para nos desconformarmos de tudo em relação ao nosso século, e não só na área espiritual.

Aqui está outro exemplo: pense na sua mente como uma caixa de ferramentas, a *SuperCrente 2000*. Lá você tem algumas ferramentas que o ajudam a lidar com as situações da vida. Por exemplo, ao conversar com um amigo e descobrir que ele está com um problema de saúde, você vasculha sua caixa de ferramentas e encontra a chave de fenda "Vou orar por você" (essa chave, aliás, é bem versátil, e funciona em muitas situações diferentes). Em outro caso, uma mulher desconhecida lhe pede dinheiro para comprar leite para os filhos. Você novamente mexe na caixa de ferramentas e encontra a fita de reparo "Doação". Mas, em outra ocasião, você e seus amigos foram assistir ao novo filme da série *Os Vingadores*, e eles querem saber o que você achou. Você rapidamente vasculha a caixa de ferramentas *SuperCrente 2000* e não encontra nada que se aplica à situação. O que você faz? Pega emprestada a mesma ferramenta que seus amigos estão usando para avaliar o filme.

A questão é que o cristianismo é um kit de ferramentas completo para lidar com qualquer situação da vida, desde um problema espiritual até mesmo um lançamento no cinema. O que pode acontecer é que *nós* não sabemos como usá-las, ou até mesmo desconhecemos que todas elas existem e usamos apenas as mais comuns, aquelas que você, como cristão, é "obrigado" a usar: oração, doação, leitura da Bíblia, entre outras coisas.

"Quer dizer então que existe uma resposta bíblica para todas as coisas?" Sim, existe. Não que esteja escrito lá na sua chave bíblica, "Os Vingadores, versículo tal e tal", mas a Bíblia nos oferece todos os princípios de que necessitamos para pensar em qualquer questão do nosso mundo atual. Aborto, transgênicos, redes sociais, zumbis, evolução, Pokémon, seja o que for, existe um jeito bíblico de pensar sobre o assunto. Isso porque, segundo a própria Palavra, "O temor do SENHOR é o princípio do conhecimento" (Provérbios 1:7). De todo conhecimento.

Quando não lançamos mão dessas ferramentas, automaticamente estamos usando as da cosmovisão do mundo.[12] O problema disso é que elas deixam marcas em quem usa. Por exemplo, se você trabalhar constantemente com o mesmo martelo, depois de um tempo, acaba formando um calo na mão. O martelo foi útil para prender os pregos quando você precisou, mas ele também *moldou* você. "As ferramentas moldam o usuário."[13] Pode parecer inofensivo, mas, no fim das contas, o que acontece quando usamos as ferramentas da cosmovisão do mundo, em vez de usar as do cristianismo, é que perdemos nosso poder de influenciar a sociedade e passamos a ser influenciados por ela. Deixamos de ser sal e luz.

Se temos um interesse real em alcançar nossa geração com a Palavra de Cristo, precisamos entender que existe uma resposta bíblica e verdadeira para *qualquer* questão que nossos amigos têm sobre a vida — e não apenas sobre Deus e religião. Porém, para conseguirmos dar essa resposta, precisamos, em primeiro lugar, renovar a nossa mente pela Palavra, para que tenhamos a mente de Cristo (1Coríntios 2:16). Se não for assim, tudo o que vamos conseguir oferecer é uma opinião pessoal com os moldes deste mundo.

Partindo do pressuposto de que Deus é a fonte de todo conhecimento, vamos olhar os três "ismos" desse capítulo e ver o que a Bíblia diz a respeito de cada um deles.

Existe apenas uma verdade?

O relativismo diz: não existe verdade absoluta. Antes de examinarmos as declarações da Bíblia, vamos olhar de novo para essa frase: "não existe verdade absoluta." Se o que ela está dizendo é mesmo verdade (ou seja, não existe mesmo uma única verdade), então podemos concluir que essa própria frase *não é* uma verdade absoluta. Trata-se de uma falsa afirmação. É uma frase que nega a si mesma.

Conseguiu pegar o pulo do gato? Aqui vai um exemplo para deixar o conceito mais claro. Imagine uma pessoa emburrada, que não está a fim de papo. Alguém, na melhor das intenções, chega perto e tenta puxar assunto:

— Por que você está emburrado? Aconteceu alguma coisa?

— Não.

— Você está bravo com alguém?

— Não.

— Quer dar uma volta pra distrair?

— Não.

— Você só sabe responder "Não"?

— Sim.

A última resposta do emburrado também é uma falsa afirmação. Se ele só sabe responder "Não", não poderia ter respondido "Sim", porque "Sim" não é "Não". Faz sentido?

Esse é o problema dessas declarações categóricas, que dizem "Tudo é relativo", "Não existem absolutos", "O que é certo para você não é certo para mim", porque elas se baseiam no princípio de que *elas* não são relativas, de que elas são absolutas e certas. Aliás, elas *precisam* ser verdades absolutas para que as demais verdades sejam relativas. Louco isso, não é? Seria tão absurdo quanto dizer que seu irmão é filho único.

Porém, como vimos na introdução, não basta abandonarmos uma prática, é preciso colocar outra no lugar. Se entendemos que é impossível não haver nenhuma verdade absoluta, temos de ver *qual* verdade pode ser absoluta.

Segundo o dicionário, a palavra "absoluto" significa "pleno; que não depende de ninguém ou de coisa alguma; infinito; que não admite limites; único, superior a todos os demais."[14] Então, para uma verdade ser absoluta, ela tem de ser tudo isso. Ela tem de ser ampla o suficiente para dar conta de todas as situações, em todas as épocas e lugares do mundo, porque é "única, plena, infinita." Ela não pode mudar em função de nada, não pode ficar velha e nem desatualizada porque "não depende de ninguém ou de coisa alguma." Ela apenas é.

Diante disso, tenho de admitir duas coisas. Em primeiro lugar, esses são requisitos altos demais para considerar qualquer teoria ou afirmação como sendo absoluta. No entanto, em segundo lugar, se alguma verdade possui todos esses atributos e pode, no fim das contas, provar-se absoluta, então eu não tenho outra opção senão submeter-me a ela.

Por causa disso, entendo que é mais fácil as pessoas se convencerem de que não existe verdade absoluta, porque, assim, elas teriam de reconhecer que existe algo ou alguém que possui o poder de determinar o certo e o errado, e de afirmar quais são os padrões que elas devem seguir. O problema é que se houver uma verdade absoluta, as pessoas continuarão a ser julgadas por essa verdade, ainda que não creiam nela.

O Deus absoluto

Apenas Deus é capaz de cumprir todos esses requisitos. Pela Bíblia, vemos que ele existe antes de todas as coisas, porque ele "é desde o princípio" (1.João 2:14). Nele está a origem de tudo (logo, ele não depende de nada para existir), pois "Todas as coisas foram feitas por intermédio dele; sem ele, nada do que existe teria sido feito" (João 1:3). Ele também não está restrito ao espaço nem ao tempo, pois está tanto nos céus como nas profundezas, tanto na noite como no dia, tanto aqui como nas extremidades da terra (Salmos 139:7-12). Esse é o Deus imutável e eterno. Não importa o quanto os homens e as civilizações mudem com o passar do tempo, ele permanece o mesmo "ontem, hoje e para sempre" (Hebreus 13:8).

Seguindo a nossa lógica, se Deus é a verdade absoluta, nada mais pode ser. Com absolutos, é assim: ou tudo, ou nada. Se houver outro absoluto, então, na verdade, não temos absoluto nenhum. É como final de Copa do Mundo: alguém tem de ganhar. Se houver empate, não significa que temos dois vencedores, mas que *ninguém* ganhou.

Além disso, se Deus é a verdade absoluta, o que ele diz também é verdade. O que podemos questionar agora é: como posso ter certeza de que a Bíblia é a verdade de Deus, como o cristianismo afirma? Como sei que ela não é invenção de homens, e que outra coisa qualquer é a verdade que veio de Deus?

A Palavra absoluta

É engraçado que, até pouco tempo atrás, ninguém tinha dúvidas quanto à resposta a essa pergunta. Um exemplo disso é um folheto evangelístico,

CADA CABEÇA, UMA SENTENÇA

belissimamente escrito e elaborado, denominado "As quatro leis espirituais." Ele foi amplamente usado para apresentar o evangelho às pessoas, e sua eficácia era muito grande. Mas atualmente esse material perdeu o fôlego — não por causa de seu conteúdo, que continua bíblico, mas porque para crer nessas quatro leis é preciso acreditar na fonte destas leis: a Bíblia. Hoje em dia, muitos desconsideram totalmente a Bíblia; outros ainda a defendem como um livro histórico, cheio de metáforas e lições para vida, mas poucos a reconhecem como a verdade absoluta, um livro inspirado por Deus ou Palavra dele.

Por uma série de razões verificáveis, é possível saber que a Bíblia tem uma origem sobrenatural. Em seu livro *Deus não está morto*, o teólogo Rice Broocks lista sete motivos pelos quais podemos crer que ela é a verdade de Deus.[15] Veja só o que ele diz (de maneira resumida):

1. **Integridade**. Apesar de não possuirmos hoje os arquivos originais com o texto bíblico, há cópias suficientes desses arquivos para reconstruir o texto original com uma precisão de 99%. Das 138 mil palavras do Novo Testamento, apenas 1.400 permanecem em dúvida e nenhuma dessas diferenças afeta a doutrina cristã. Além disso, apesar da diversidade de autores e contextos de cada livro (a Bíblia é uma coleção de 66 livros escritos por cerca de quarenta escritores diferentes ao longo de um período de 1.600 anos, aproximadamente), o tema da salvação encontrada em Jesus Cristo é consistente em toda a coleção, de Gênesis a Apocalipse.

2. **Precisão histórica**. Os nomes e lugares mencionados na Bíblia são reais. E quanto aos fatos, estudos de tradições orais indicam que as semelhanças e diferenças existentes entre os quatro evangelhos correspondem ao que seria esperado quando pessoas diferentes recontam uma história verdadeira, cada uma do seu ponto de vista.

3. **Verificabilidade arqueológica**. A arqueologia comprovou a historicidade da Bíblia, tanto do Antigo como do Novo Testamento. Embora os eventos do Antigo Testamento tenham decorrido há muito mais tempo que do Novo, evidências arqueológicas recentes têm confirmado muitos detalhes, bem mais do que os de outros documentos antigos da mesma época.

4. **Confiabilidade dos manuscritos**. O número de manuscritos do Novo Testamento ultrapassa o de quaisquer outros

documentos antigos. Por exemplo, há menos de 2 mil manuscritos da *Ilíada*, considerada a mais antiga obra escrita, e todos eles são mais de mil anos mais velhos que o conteúdo original. Em relação ao Novo Testamento, por outro lado, há mais de 5 mil exemplares de manuscritos, e mais de cem deles foram escritos nos primeiros quatro séculos. A descoberta dos Manuscritos do Mar Morto também revelou a integridade dos livros do Antigo Testamento.

5. **Profecia**. Várias previsões feitas em toda a Bíblia se cumpriram no decorrer da História. Por exemplo, Isaías declarou com um século de antecedência que o rei Ciro da Pérsia permitiria a Israel retornar à sua terra e reconstruir o templo (Isaías 44:28). De forma igualmente impressionante, dezenas de profecias foram cumpridas pelo próprio Jesus Cristo.

6. **Impacto extraordinário**. Conforme comunidades inteiras foram adotando o ensino das Escrituras, a transformação se espalhou por cidades e até mesmo por nações inteiras. Em termos de impacto pessoal, o ensino da Bíblia tem dado poder aos seus leitores para superar vícios, restaurar famílias, experimentar paz e alegria e até mesmo perdoar inimigos irreconciliáveis.

7. **Relevância**. A Bíblia dá uma visão atemporal sobre a natureza de Deus e da humanidade. Seus mandamentos ainda são o melhor guia para o comportamento humano, e seus diferentes livros falam da verdade de Deus em uma vasta gama de contextos e situações culturais. Portanto, os cristãos podem, a partir de praticamente qualquer contexto cultural e de diferentes perspectivas, identificar-se profundamente com certos livros da Bíblia.

Além desses sete motivos, pesquisas científicas recentes têm feito descobertas que apontam para o fato de que o universo foi criado por uma mente inteligente, e de que a humanidade toda nasceu a partir de um único casal, como já estava escrito na Bíblia.[16]

A importância de compreender que Deus e sua Palavra são a verdade vai além de saber que estamos no caminho certo e temos a vida eterna. Reconhecer isso implica admitir que a Bíblia tem respostas para todas as questões da vida. Ela não fala só de vida cristã, mas de política, sexo, arte, comportamento, moda, ciência, tecnologia e todo e qualquer assunto que passar por sua cabeça. Também implica admitir que, sendo eterna, ela não se torna antiquada ou ultrapassada, mas válida tanto hoje como no dia em que foi escrita.

O Senhor absoluto

Se concluímos que existe, então, uma verdade absoluta e ela está em Deus e em sua Palavra, podemos concluir que ele é o Senhor de todas as coisas, e não apenas de nossa alma, pois é ele quem diz como cada coisa deve ser e acontecer.

É importante percebermos que a existência de uma verdade universal tem implicações infinitas na vida de cada ser humano. Nenhuma pessoa está isenta da verdade de Deus, e isso traz implicações de vida e morte para todas as pessoas — de vida para quem crê e de morte para quem não crê, pois "Quem nele crê não é condenado, mas quem não crê já está condenado, por não crer no nome do Filho Unigênito de Deus" (João 3:18).

O senhorio de Cristo sobre todas as coisas não é somente uma verdade religiosa, mas a verdade absoluta.[17] Ele não é apenas o salvador da nossa alma, ele é Senhor de tudo o que existe. Ele afirma que recebeu de Deus "toda a autoridade nos céus e na terra" (Mateus 28:18; cf. Filipenses 2:9). Cristo também é "a verdade" (João 14:6), a própria verdade de Deus encarnada. Como disse o teólogo e filósofo Francis Schaeffer em um em discurso na Universidade de Notre Dame, "O cristianismo não é uma série de verdades no plural, mas é a Verdade escrita com V maiúsculo. É a Verdade sobre a realidade total, não apenas sobre assuntos religiosos."[18]

Existem comportamentos inaceitáveis?

De certa forma, tudo isso que tratamos dentro da refutação ao relativismo serve também para refutar o pluralismo e o sincretismo religioso. Mas vamos dar uma olhada em cada um, vendo alguns pontos específicos.

O pluralismo afirma que devemos ser tolerantes com as opiniões uns dos outros porque, no fim das contas, tudo não passa de opinião pessoal (já não existe a verdade absoluta). Mas, para garantir que as pessoas não se matem umas às outras (porque alguém pode achar que ser um assassino de aluguel é uma profissão tão válida quanto a de um enfermeiro), foi criada a ideia de politicamente correto. É a cultura que determina o que é politicamente correto hoje.

Embora o ideal pluralista de tolerância e diversidade seja bonito, na prática, ele é impossível. Isso se prova com a necessidade de inserir de novo um padrão — antes era a religião, a moral e os bons costumes; hoje é a cultura. Ninguém pode garantir que algumas pessoas "sem noção" não vão inventar de sair por aí matando os outros, destruindo os seus bens, enquanto dizem: "Essa é uma opção viável. Vocês têm de tolerar." Quer um exemplo prático? Já brincou de amigo secreto no fim do ano? Se o grupo não estipular um valor mínimo para os presentes, pode contar que vai aparecer um "zé mané" dando roupa usada de presente.

Dessa forma, só é possível ser tolerante dentro de alguns parâmetros. Mas quem define os parâmetros?

Como vimos, tem sido a cultura. "Em cursos de sociologia, antropologia e filosofia, resumia-se que a verdade é culturalmente relativa; que ideias e crenças emergem, ao longo da história, de forças culturais e não são verdadeiras ou falsas em qualquer sentido final."[19]

Como a cultura muda, os parâmetros também mudam. Antigamente, os professores usavam palmatória na escola e batiam nos alunos que não se comportavam bem ou que não haviam estudado. Depois, ela foi abolida, mas os professores podiam alterar a nota de um aluno em função de seu comportamento e do quanto ele sabia da matéria ensinada. Agora, em algumas escolas, a única opção do professor é aprovar o aluno no fim do ano. As regras, bem como as leis, vão acompanhando o ritmo de mudança da sociedade.

Talvez você já perceba um grande problema aí. Se, de repente, for recorrente os alunos espancarem os professores, vai ter uma lei defendendo que os alunos é que devem usar palmatória nos professores. Talvez sim, talvez não, depende de quem estiver do lado do aluno e do lado do professor.

O X da questão é que a cultura não pode ser padrão porque ela, como todo o resto, está afetada pelo pecado. Se não tivermos uma noção exata da queda do homem, acharemos que existem modos de viver ou de pensar que são puros e neutros. Mas a realidade da queda nos diz que o ser humano foi totalmente contaminado pelo pecado; não apenas o seu espírito, mas também sua mente. Assim, tudo o que ele cria a partir de seus pensamentos e ideias — e isso inclui a cultura e a cosmovisão — carrega o vírus do pecado, como um *pen drive* infectado que vai danificando todas as máquinas em que roda. Assim, a cultura não pode ser o padrão para determinar se um comportamento é certo ou errado, porque ela mesma foi afetada pela queda.

Aqui, mais uma vez, o chamado para se desconformar torna-se de grande importância. Se não procurarmos renovar nossa mente e configurá-la a exemplo da mente de Cristo, vamos caminhar lado a lado com este século. Não vamos ver um pecado como pecado se ele, em nossa cultura, for considerável "aceitável".

Um bom exemplo disso é a prática do sexo na atualidade. O sexo foi criado por Deus para ser praticado dentro do casamento. Mas com a liberdade sexual, sem precedentes dos dias atuais, aceita-se que ele seja praticado em qualquer circunstância, com qualquer pessoa. Esse comportamento se tornou tão generalizado que nem mesmo dentro de círculos religiosos os jovens se casam virgens. A desculpa usada para isso é a de que a ordem de Deus para o uso do sexo exclusivamente no casamento estava restrita àquele período histórico em que foi dada, mas que ela não vale mais hoje. Atualmente, os jovens, cristãos ou não, transam, e temos de lidar com isso. Muitos pastores e ministros têm dado sua bênção a esses jovens, dizendo que, desde que se mantenham fiéis aos seus parceiros, não há problema.

O que aconteceu aqui? A ordem de Deus foi relativizada pela cultura. Nesse caso, a cultura e não a Bíblia, que é a verdade absoluta, determinou o que é certo. A Bíblia, na verdade, foi considerada "ultrapassada" — e creio que, se esses ministros pudessem, fariam uma Nova Versão Mega Atualizada do Século 21 da Bíblia para remover tudo o que consideram "antiquado" e inserir tudo o que é aceitável nos dias atuais.

No entanto, se entendemos bem o ponto 1 — que a Palavra de Deus é a verdade eterna e imutável — então não existe opção a não ser segui-la. Quero dizer, existe a opção de *não* segui-la, mas essa atitude se torna um ato de rebeldia contra Deus e sua verdade. Não é a cultura que interpreta os mandamentos bíblicos, mas a Bíblia que interpreta a cultura e faz a leitura das práticas da sociedade — das nossas próprias práticas, dizendo: "Isso está de acordo com a verdade de Deus; isto não está." Não há cultura que possa justificar uma prática que seja expressamente proibida pela Bíblia. Se não fosse assim, se cada cultura pudesse ditar o que é válido agora, então a Palavra deixaria de ser a Verdade para se tornar apenas mais uma verdade.

Não estou dizendo que, como cristãos, devemos ser *intolerantes* com as pessoas, mas sim com o pecado. Era assim que Jesus agia. Quando lhe trouxeram uma mulher flagrada em adultério (a punição para o adultério era a morte), ele foi o único a não ser intolerante com ela — embora fosse o único que tivesse todos os requisitos morais para sê-lo. Porém, depois de resolver a questão com todos os presentes ali, Jesus foi inflexível com a mulher: "Vai e não peques mais" (João 8:11, ARA).

Temos de entender que todas as leis e ordens dadas por Deus na Bíblia são baseadas no amor: ou o amor a Deus, ou o amor ao próximo. É nisso que se resume toda a lei (Mateus 22:39-40). E amor é maior que tolerância. Podemos discordar de certos comportamentos que as pessoas têm não porque somos intolerantes, mas porque as amamos e sabemos que, se elas agirem dessa forma, certamente serão levadas à destruição, seja física, seja espiritual.

Existe uma religião verdadeira?

Chegamos, por fim, no último "ismo" do capítulo: o sincretismo religioso. Esse pensamento diz que todas as opções espirituais são válidas, e você pode escolher a que funcionar melhor para você.

Esse princípio trata a religião (ou a fé, como preferem os brasileiros modernos) de, pelo menos, duas formas:

1. É algo que diz respeito apenas a coisas espirituais. A fé beneficia a alma, os sentimentos. É um arrepio que as pessoas sentem por dentro e as leva a se sentirem bem, mais iluminadas, mais bondosas. Na vida real, porém, ela tem tanta importância quanto o jeito como você amarra seu tênis, ou nem isso. Ela não influencia *de verdade* a sua vida; no máximo, vai determinar onde você vai passar algumas horas no fim de semana.

2. É um meio para alcançar um fim. As pessoas participam de práticas religiosas dos mais variados tipos para conseguirem um emprego, uma cura, um namorado, um carro, ou até mesmo coisas espirituais: ficar mais calmo, ser mais paciente, etc. Porém, se os resultados não estiverem aparecendo, basta mudar de fornecedor, ou colocar a fé em outra coisa que pareça mais promissora.

Em nenhuma das duas abordagens a religião é considerada *a verdade*. Ela existe para benefício próprio, seja material, seja espiritual, mas não

CADA CABEÇA, UMA SENTENÇA

entra em cena quando o assunto é vida real (vamos tratar desse assunto com mais detalhes no próximo capítulo).

É por isso que as pessoas dizem que acreditam em Jesus, em Buda, em disco voador, sem dar a mínima importância para o fato de que esses termos citados são contraditórios entre si. Como a religião diz respeito apenas ao sentimento, e não à razão, não tem problema ser irracional.

O cristianismo, porém, não permite esse tipo de *mistureba*. Já vimos que ele afirma que há um único Deus, uma única forma de revelação e apenas um padrão de certo e errado. Como conclusão, o cristianismo não permite ser praticado lado a lado com outras religiões, porque ele se declara exclusivo: como ele é a verdade, nada mais pode ser.

Muitos, ao ouvir isso, vão dizer que o cristianismo é intolerante e até arrogante, por se achar a única religião correta. No entanto, o problema é que Deus, Jesus, salvação e fé não são, para o cristão, histórias bobas contadas apenas para fazer as pessoas se sentirem bem, mas são a verdade mais real que existe no mundo. Crer nisso tem peso de vida e morte, e a Bíblia não aceita ser apenas mais um livro que fala de assuntos religiosos. Como vimos anteriormente, a Bíblia afirma que tudo o que está contido nela é a verdade sobre todas as coisas.

É por isso que relatos bíblicos não devem tratados como ilustrações sobre como viver melhor. Eles falam de fatos reais, com implicações eternas.

Creio que a pessoa de Jesus é a que mais sofre esse tipo de relativização. Um problema comum que enfrentamos em nosso país não é que as pessoas negam a existência de Cristo; elas negam seu senhorio e sua singularidade.

Você já deve ter conversado com alguém que diz gostar de Jesus e reconhece que ele foi alguém "iluminado", que ora a ele quando tem problema e até se lembra de agradecer a ele quando recebe o que pediu, mas não vê problema nenhum em, além de orar a Jesus, fazer uma simpatia ou um encomendar um trabalho de feitiçaria só para "garantir" que vai dar tudo certo. Ou também não se importa em ler a Bíblia e achar muito bonito as declarações de Jesus obre o amor de Deus. Esse alguém também faz muitas boas obras para garantir que terá uma boa vida após a morte.

Jesus, porém, afirma que ele não é um ser iluminado, mas a própria verdade, a própria vida; a única maneira de uma pessoa chegar até Deus (João 14:6). Se essa afirmação é verdadeira, então qualquer outra é falsa.

Se Jesus é o único caminho, então não existe outro caminho. Ou o que Cristo disse é 100% verdadeiro ou 100% falso, pois é impossível haver um meio-termo numa declaração tão categórica como essa.

Na sua carta aos gálatas, Paulo tratou de um problema muito sério, crescendo entre a igreja. Alguns, de tradição judaica, diziam que, para ser 100% salvo, a pessoa teria de, além de aceitar a Jesus, realizar alguns ritos judaicos — na verdade, a pressão era sobre a prática da circuncisão. Ser salvo significava aceitar Jesus *e* ser circuncidado.

Paulo apresentou muitos argumentos contra essa teoria, falando sobre o caso de Abraão, que foi salvo pela fé antes mesmo de haver a circuncisão, e de como a lei simplesmente apontava para Cristo. Ele resumiu sua tese nessa frase: "Caso se deixem circuncidar, Cristo de nada lhes servirá" (Gálatas 5:2).

O que ele quis dizer com isso? Paulo chamou a atenção para o fato de que, se é preciso crer em alguma coisa *além* da salvação em Jesus, não se crê que a morte de Cristo foi totalmente eficaz para a salvação. Ela precisa de uma ajudinha da sua parte para funcionar 100%. Não tem outra palavra para descrever isso além de "heresia total" (ok, duas palavras).

Se admitimos que existe outra verdade espiritual além de Jesus, então estamos dizendo que Cristo perdeu tempo se encarnando e sofrendo na cruz pelos homens. Ele não precisava ter feito nada disso. Além disso, ele foi apenas um grande mentiroso (ou um iludido) quando afirmou que era o único caminho a Deus, a água da vida, o pão que desceu do céu e tudo mais. No fim das contas, se uma afirmação dele é falsa, não temos base para crer em nenhuma outra.

REFORMANDO A MENTE

Diante dos desafios que o relativismo, pluralismo e sincretismo religioso nos apresentam, como podemos renovar nossa mente de acordo com a Palavra de Deus e evitar cair nessas ciladas? Vou dar duas dicas.

1. Conheça sua fé

Não tenho dúvidas de que você conhece pelo menos meia dúzia de pessoas que se diziam crentes mas que, da noite para o dia, jogaram tudo para o alto e começaram a viver de um jeito totalmente contrário ao que viviam antes. Na mídia, há centenas de pessoas assim, mas também

CADA CABEÇA, UMA SENTENÇA

conhecemos outras de nosso convívio. É triste dizer, mas se você ainda não conhece ninguém assim, um dia ainda irá conhecer.

Por que aconteceu isso? Não podemos generalizar, mas é possível afirmar que em alguns desses casos (talvez na maioria deles), as pessoas tinham um entendimento errado do que era a fé cristã e a abraçaram por medo, por moda, por barganha ou porque qualquer outro motivo.

Diante disso eu lhe pergunto: por que você é cristão? É porque nasceu e foi criado num lar evangélico? Porque curte o pastor e as pregações? Porque acredita que esse é o único jeito de fugir do inferno e ter menos problemas na vida? Muitas pessoas têm medo de questionar o que creem, achando que isso significa duvidar de Deus e da Bíblia. Todavia, servir a Deus e crer nele não tem nada de irracional. Aliás, no versículo-base deste livro, lemos que nos apresentar a Deus como sacrifício vivo é nosso "culto racional". Não é algo que se faz apenas com o espírito, mas "de todas as suas forças e de todo o seu *entendimento*" (Lucas 10:27). Devemos saber e explicar "a razão da esperança" que há em nós (1Pedro 3:15). O cristianismo é forte o suficiente para sobreviver a um exame sincero porque não tem nada a esconder. Afinal de contas, ele é a Verdade.

Em seu livro *Verdade Absoluta*, a filósofa Nancy Pearcey conta como abandonou a fé cristã no começo de sua juventude e tornou-se ateia. Ela foi criada em uma família luterana tradicional e, além da formação espiritual na igreja, seus pais também cuidaram para que ela cursasse o ensino fundamental em uma escola luterana. No ensino médio, Nancy fez amizade com uma moça judia. "Ambas tocávamos violino na orquestra da escola, participávamos de acampamentos de música e, com o passar do tempo, me dei conta de que *ela* era judia por causa de sua formação étnica e porque respeitava seus pais. Da mesma forma, *eu* era cristã por causa da *minha* formação familiar e porque queria agradar meus pais."[20] Nancy começou, então, a interrogar seus pais e líderes na igreja, querendo saber se o cristianismo era verdadeiro mesmo, ou se eles criam na Bíblia apenas porque haviam nascido num país cristão, em vez de num país muçulmano ou hindu. Infelizmente, ninguém se sentou com Nancy para responder o que ela queria saber, apenas lhe foi dito: "Não se preocupe, todos temos dúvidas de vez em quando."

Sem respostas, aos 16 anos Nancy resolveu abandonar o cristianismo para analisá-lo ao lado de outras religiões e filosofias, a fim de descobrir se alguma delas era mesmo a verdadeira. Nessa empreitada, Nancy se tornou cética em relação à existência de Deus; começou a usar drogas e outras substâncias alucinógenas para manter sua mente livre dos ensinos morais que a impediam de reconhecer a verdade. Foi só alguns anos depois, quando estava num conservatório musical na Alemanha, que Nancy encontrou cristãos que responderam de fato às perguntas dela. "Em vez de me exortarem a ter fé, me davam razões e apresentavam argumentos em prol da verdade do cristianismo"[21]. Após testar todas as ideias que lhe apresentaram, Nancy concluiu que "havia argumentos bons e suficientes contra o relativismo moral [...] e muitos outros 'ismos' com os quais eu estivera enchendo a cabeça. [...] Todas as minhas ideias foram vencidas. O único passo que restava era reconhecer que eu havia sido convencida e depois, deveria entregar minha vida ao Senhor, de verdade."[22]

Não tenha medo de se perguntar: por que creio nessas coisas? Isso é mesmo a verdade? Ore a Deus e peça a iluminação do Espírito Santo enquanto você examina as Escrituras. Busque conversar com pessoas e ler livros que tirem suas dúvidas sobre aquilo em que você crê. Faça isso, aliás, com tudo o que lhe disserem sobre Deus, a Bíblia ou o cristianismo. Foi isso que o os cristãos da cidade de Bereia fizeram quando Paulo chegou lá, falando sobre Jesus (Atos 17:11). Não se contente em ser um crente raso, mas conheça de verdade aquilo em que você crê.

2. Adote um estilo apologético

Apologia, do grego, significa "defesa". Era a resposta do acusado em frente ao promotor público numa sala de tribunal. Mais tarde, ela começou a ser usada pelos primeiros cristãos para defender a fé contra o paganismo do Império romano.[23]

Adotar um estilo apologético pode parecer tarefa apenas para teólogos e grandes pensadores cristãos. No entanto, Pedro entendia que essa prática deveria ser defendida por todo cristão. "Estejam sempre preparados para responder a qualquer um que lhes pedir a razão da esperança que há em vocês. Contudo, façam isso com mansidão e respeito, conservando boa consciência, de forma que os que falam maldosamente contra o bom procedimento de vocês, porque estão em Cristo, fiquem envergonhados de suas calúnias" (1Pedro 3:15-16). A palavra que Pedro usou, em grego, traduzida por "responder" ("Estejam sempre preparados para *responder*") é justamente, em grego, *apologian*, de onde veio o termo "apologia", ou seja, defesa da fé.

Nesse texto de Pedro, vemos que a apologética tem duas mãos: responder sobre a razão de nossa esperança (defender a fé), mas também "conservar a boa consciência" (proteger a mente). Resumindo, adotar um estilo apologético significa saber defender a fé cristã dos ataques ao mesmo tempo em que se é crítico (ou seja, analisando tudo à luz da Bíblia) em relação a outras crenças ou cosmovisões.[24]

O primeiro passo para defender a fé é o que foi explicado anteriormente: conhecer a fé. Se você conhece a Bíblia apenas ouvindo o que pastores e outras pessoas lhe dizem, mas nunca experimentou a Bíblia por conta própria, você terá bastante dificuldade para saber defender aquilo em que crê.

Se pensarmos em apologética apenas em termos abstratos, podemos ficar desesperados, matutando: "Será que vou ser competente o bastante para defender o cristianismo quando um ateu relativista me abordar e perguntar por que eu creio em Deus? Será que isso não é trabalho para filósofos, teólogos e outros profissionais cristãos?" Calma, não se desespere. Perceba, em primeiro lugar, que a carta de Pedro foi dirigida "aos eleitos de Deus, peregrinos dispersos no Ponto, na Galácia, na Capadócia, na província da Ásia e na Bitínia" (1:2), e não "aos alunos de pós-graduação do Seminário Teológico de Jerusalém." Ele se dirige a cristãos comuns que estão espalhados pelo mundo antigo e precisam saber como se comportar em meio ao paganismo que os cerca.

No trecho de 1Pedro 3:15-16, o apóstolo é muito claro ao dizer que o cristão deve estar pronto para defender a esperança que está *dentro dele*. Isso, qualquer cristão pode fazer porque ser cristão, antes de mais nada, é saber quais são as bases da nossa esperança. Sem esse conhecimento, não dá nem para ser cristão!

Quais são as bases da nossa esperança? Podemos responder a essa pergunta, usando os mesmos princípios da cosmovisão que foram explicados na introdução:

1. **Criação**: cremos em um Deus criador de todas as coisas a partir do nada, e tudo o que ele criou era perfeito e bom (Gênesis 1:1,31).
2. **Queda**: cremos que o homem se rebelou contra esse Deus Criador, e, pela sua desobediência, toda a criação foi afetada pelo pecado (Gênesis 3:1-19; Romanos 8:19-20).
3. **Redenção**: cremos que Cristo Jesus foi o enviado para redimir todas as coisas do seu atual cativeiro no pecado, e tornará tudo novo (Romanos 8:21; Efésios 1:7; 2Pedro 3:13).

Temos mais facilidade de falar daquilo que vivemos por conta própria do que aquilo que aprendemos por meio de outras pessoas. Sendo assim, saber a base da nossa esperança não significa apenas decorar versículos e textos bíblicos, mas crer, de coração, e viver de acordo com esses princípios. Se essas verdades se tornam parte da nossa vida, então teremos mais facilidade em defender nossa fé quando ela for questionada, ao mesmo tempo em que podemos nos guardar da corrupção do mundo (Tiago 1:27), identificando falsas cosmovisões que dominam nossa sociedade. Um jeito simples de fazer isso é comparar a verdade da Palavra de Deus com o que os defensores daquela cosmovisão consideram ser a criação do mundo, o motivo de sua queda, e sua forma de redenção. Isso, no final, não é apenas apologia, mas evangelismo, e apenas com o poder do evangelho as pessoas podem ser libertas das mentiras contadas pelo deus deste século.

Não se esqueça, porém, que acreditar que a Bíblia é a Palavra de Deus e *crer* na Bíblia são coisas diferentes. Isso porque podemos até usar a lógica para demonstrar a uma pessoa que a Bíblia é a verdade, mas apenas o Espírito Santo poderá convencê-la de que os ensinamentos da Bíblia são verdadeiros *na vida dela*. Existe um poder que vai além da nossa capacidade de persuasão, e apenas ele pode transformar vidas, como Paulo falou aos coríntios: "Minha mensagem e minha pregação não consistiram de palavras persuasivas de sabedoria, mas consistiram de demonstração do poder do Espírito, para que a fé que vocês têm não se baseasse na sabedoria humana, mas no poder de Deus" (1Coríntios 2:4-5). A verdadeira fé não procede da lógica, mas do Espírito.

O SENHOR
DE FATO(S)

2

O SENHOR DE FATO(S)

DESCONFORMANDO-SE DO DUALISMO, CIENTIFICISMO E ATEÍSMO

Certa vez, participei de um processo seletivo para uma vaga de mestrado em geoquímica. Os professores fizeram várias perguntas para conhecer a minha formação acadêmica e entender qual era o meu propósito em fazer o mestrado. Ao saber que eu era cristão, um deles me dirigiu uma pergunta bem específica:

— Richarde, como você irá conciliar sua fé cristã com a idade geológica da Terra?

Boa pergunta. Deixe-me explicar o que ele quis dizer com isso.

Se o relato bíblico da criação for tomado literalmente, bem como o restante do livro de Gênesis, nosso planeta teria por volta de seis mil anos de idade. Viveríamos em uma Terra *jovem*. Por outro lado, análises de fósseis encontrados mundo afora afirmam que aqueles seres fossilizados existiram milhares de anos atrás. Então a Terra seria, na verdade, muito, mas muito mais velha do que afirma o texto bíblico.

Se você reparar bem na pergunta do professor da banca, ele não quis saber qual era a minha opinião sobre qual idade era a verdadeira. Ele quis saber como eu iria *conciliar* a verdade que a ciência apontava com o relato da Bíblia, uma vez que são verdades contraditórias. Em outras palavras, o que ele queria saber era: "Na hora do vamos ver, você vai ser cristão ou cientista?"

Essa separação entre ciência e fé é um dos sentimentos que mais mexem comigo, principalmente ao ver o mal que ela causa à igreja no mundo pós-moderno, porque muitos presumem que essa separação é real.

E quando digo "presumem", não penso apenas nos cientistas e professores de universidades, mas nos próprios cristãos. Eles também supõem que existe essa coisa de "música cristã" e "música secular"; "trabalho para Deus" e "trabalho secular"; "vida espiritual" e "vida secular" e assim por diante. Como se a pessoa, antes de conhecer a Deus, fosse um ser integral e coerente, mas que, depois de reconhecer a salvação em Jesus, se tornou uma entidade estranha parecida com um minotauro — meio homem, meio touro, meio lutador de UFC.

Isso se chama *dualismo*. Ele divide o mundo em dois grandes reinos, o "material" e o "imaterial" (ou "espiritual"). O primeiro reino é o da razão; e nele ficam os átomos, as células, os objetos, os fatos, os números, tudo aquilo que pode ser medido e comprovado. O segundo reino é o da fé; nele estão as preferências, as opiniões, os valores morais e éticos, as crenças pessoais, experiências que só podem ser vividas individualmente.

Como o primeiro reino é baseado em objetos, ele é *objetivo*. Ele existe fora das pessoas e não depende da opinião de ninguém. As coisas do primeiro reino estão à disposição de qualquer um que quiser colocá-las sob a lente de um microscópio para estudá-las.

Já o segundo reino está ligado ao sujeito, então é *subjetivo*. Ele só existe dentro da mente dos indivíduos e depende das opiniões e das experiências pessoais para ser "trazido para fora." Portanto, não é possível falar sobre ele de maneira neutra nem imparcial, já que não pode ser observado num microscópio e nem medido com uma régua.

É por isso que o professor da banca me veio com aquela pergunta. Ele queria saber se, no fim das contas, o que valia para mim, como cientista, eram os fatos do primeiro reino (que apontavam para uma Terra antiga, de milhões de anos), ou as minhas crenças do segundo reino (que apontavam para uma Terra jovem, com menos de dez mil anos de idade).

O pensamento dualista é reforçado pela ideia de que o primeiro reino, o dos fatos, é neutro, ao passo que o segundo reino, o dos valores, não. Se quisermos saber o tamanho de uma árvore (reino dos fatos), é só pegar uma trena e pronto, encontramos a resposta verdadeira. Mas se quisermos saber se a árvore é bonita (reino dos valores), aí depende... Pode ser que sim ou não. Por isso, os fatos ganharam crédito como meio confiável de chegar à verdade.

Querendo ou não, somos influenciados por essa ideia. Pense, por exemplo, nos seriados de investigação criminal, que têm feito bastante

O SENHOR DE FATO(S)

sucesso na TV e na Netflix. No fim das contas, o que determina quem é o criminoso? É a opinião ou os instintos do investigador? Não! São os fatos! Ainda que o investigador-chefe tenha um ótimo sexto sentido (e ele sempre tem, na maioria dos seriados), suas suspeitas são comprovadas pelos fatos: amostras de DNA, fotos da cena do crime, impressões digitais, etc. O que vale para prender o bandido são os fatos e as provas, e não as opiniões — e nem mesmo a declaração de uma testemunha ocular (se ela não filmou o crime, já era).

A ideia de que os fatos são tudo o que temos (e o que realmente importa) é o coração da ciência moderna. Ela crê que os dados são totalmente confiáveis como fonte de informação e parâmetro de busca pela verdade (percebeu como quase tudo gira em torno da busca pela verdade?), porque não são manchados por opiniões nem pontos de vista, isto é, são neutros, puros. Como já dizia a vovozinha: "Contra fatos não há argumentos."

Por consequência, a ciência ganhou fama de ser neutra também. Afinal, ela só lida com fatos. Quando o cientista veste seu jaleco branco, ganha poderes especiais de tornar-se um ser imparcial, sem suposição nenhuma e sem interesse pessoal. Seu único objetivo é descobrir a verdade. Para garantir que o reino dos valores não manche sua pesquisa, ele se cerca de dezenas de equipamentos e fórmulas que o permitem chegar a, nada mais, nada menos, que a verdade. Por isso, mesmo crendo que Deus criou o mundo há uns seis mil anos, se as maquininhas do laboratório apitam e dizem que não, que o mundo tem milhões de anos, ele supõe que isso seja a verdade, porque esse é o resultado totalmente neutro, obtido a partir da pura ciência, sem nenhuma intervenção dos valores e opiniões do cientista.

Por isso, a ciência tem sido considerada desde os tempos modernos a única fonte de conhecimento. Esse jeito de ver a ciência é chamado *cientificismo*.

Mas de onde veio esse pensamento de que a ciência é neutra?

A ciência moderna é, em grande parte, herança de outro "ismo", o *naturalismo*, uma corrente que entende que tudo o que existe é o mundo natural (a natureza, em outras palavras). Assim, tudo o que vemos ao nosso redor surgiu de causas naturais. Não existem explicações *sobre*naturais. O mundo natural apenas é, desde o princípio. Se observarmos os fatos corretamente, e fizermos os cálculos certos, chegaremos à causa de tudo o que acontece.

Como agora tudo pode ser comprovado pela ciência, conclui-se que a ideia de um Deus que criou o mundo e cuida dele não tem mais espaço na atualidade. As pessoas acreditavam nisso quando a ciência não era avançada o bastante para descobrir a causa das coisas que acontecem. Hoje, porém, que se sabe exatamente o porquê de tudo, Deus não tem mais utilidade, pois não sobra nada para ele fazer. Ele está dispensado. Nas palavras do físico Stephen Hawking: "Se realmente o universo é completamente autocontido, sem limite ou margem, não teria havido começo, nem haverá fim; ele seria, simplesmente. Que papel estaria então reservado ao criador?"[1]

Essa é a conclusão a que muitos cientistas e pensadores pós-modernos têm chegado, e ela leva à declaração de que Deus não existe. Esse ser supremo foi uma invenção do homem antigo para explicar os fenômenos que ele não conseguia entender. Mas o homem moderno não precisa mais crer nessa história de Deus. Esse raciocínio tem sido uma das bases do *ateísmo* nos dias atuais — a convicção de que não há nenhum Deus.

O ateísmo tem sido propagado, fortemente, por pensadores, cientistas e até estrelas de cinema, entre outras personalidades. No Brasil, a Associação Brasileira de Ateus e Agnósticos, fundada em 2008, já contava com mais de 17 mil associados em todo o país em janeiro de 2016, e sua página no Facebook, em janeiro de 2017, tinha mais de 600 mil curtidas. Entre os objetivos dessa Associação estão "apontar o ateísmo e o agnosticismo como caminhos filosóficos viáveis, consistentes e morais", "promover sistemas éticos seculares" (ou seja, não religiosos) e "promover a laicidade efetiva do Estado"[2] (ou seja, garantir que o Estado seja laico — que não sofra influência ou controle por parte de um ou alguns grupos religiosos específicos. Ser laico é bom, pois garante que todas as religiões tenham o mesmo direito e valor dentro da sociedade. No entanto, os antirreligiosos têm desenvolvido um entendimento errado do que significa ser laico, afirmando que o Estado laico é aquele que não tem religião. Mas isso faria dele um Estado *ateu*, não laico).

Como falamos na introdução, a cosmovisão não é assunto apenas de intelectuais; assim como oxigênio não é assunto apenas de químicos. Ambos estão por aí, cercando-nos e exercendo influência, sem nos darmos conta disso. Dualismo, cientificismo e ateísmo são características da cosmovisão do nosso século pós-moderno, portanto, podem interferir bastante em nosso próprio pensamento, ainda que, em termos gerais, pareçam estar bem distantes do cristianismo. Se quisermos construir nossa cosmovisão de maneira forte, precisamos verificar se esses "ismos" não estão nos influenciando de alguma forma, e encontrar medidas para nos desconformar deles.

ROMANOS: O RETORNO

Além de Romanos 12:2, versículo-chave para este livro, vamos usar alguns outros textos da carta para pensar nos "ismos" deste capítulo.

Romanos é uma carta fantástica em muitos aspectos. Além de todos os pontos doutrinários que Paulo trata com imensa profundidade, a epístola é muito útil para nos direcionar sobre como viver de maneira cristã numa sociedade anticristã. Os primeiros destinatários desse texto viviam no coração do maior império pagão que já existiu: o Império Romano. Os cristãos de Roma viam-se cercados por religiosos, filósofos e intelectuais que possuíam uma cosmovisão totalmente incompatível com os ensinamentos do evangelho — uma sociedade muito similar àquela em que vivemos hoje. Entre outros fatores, isso faz dessa carta um modelo ideal para seguirmos a fim de compreendermos a cosmovisão que nos cerca e nos desconformar dela.

O trecho que vamos ver agora é o que vem imediatamente antes do versículo-chave do livro:

> Ó profundidade da riqueza, da sabedoria e do conhecimento de Deus! Quão insondáveis são os seus juízos, e inescrutáveis os seus caminhos! "Quem conheceu a mente do Senhor? Ou quem foi seu conselheiro?" "Quem primeiro lhe deu, para que ele o recompense?" Pois dele, por ele e para ele são todas as coisas. A ele seja a glória para sempre! Amém (Romanos 11:33-36).

Para entender melhor esse parágrafo, vamos situá-lo em todo o contexto da carta aos Romanos. Do capítulo 1 ao 11, o apóstolo Paulo passou um ensino teológico consistente em que a nova igreja de Roma poderia basear toda a sua fé e seu conhecimento sobre Deus:

- Ele começou falando sobre a ira de Deus e o pecado do homem.
- Depois, ensinou sobre o processo de justificação pela fé e a nova vida em Cristo, na qual somos mais que vencedores.
- Em seguida, tratou da soberania de Deus na vida das pessoas, na história do mundo, em especial, na vida do povo de Israel.

✓ Aqui entram os versos de 11:33-36, com os quais Paulo concluiu toda a aula teológica dos onze primeiros capítulos. A partir do capítulo 12 até o fim da epístola, Paulo deu conselhos práticos sobre como viver no mundo, tendo em mente tudo o que ele ensinara na primeira parte do livro.

Toda a teologia de Paulo nos onze primeiros capítulos é de fazer cair o queixo. Ela revela um Deus muito santo, mas também muito amoroso e providente. Todas as verdades escritas a respeito do Senhor foram reveladas a ele pelo próprio Deus; são coisas que Paulo, ou qualquer outro ser humano, jamais poderia concluir com base em seu próprio intelecto e raciocínio. Por isso, diante de toda a grandeza dessa sublime revelação, ele começou o trecho final de Romanos 11 com uma exclamação: "Ó". Deveria ser um "Óóóóó!!!" É a reação imediata que qualquer pessoa tem diante de algo maravilhoso demais para se expressar em palavras.

Paulo entendeu que Deus e seus planos são extremamente elevados. Por isso, o apóstolo exaltou a riqueza, o conhecimento e a sabedoria de Deus, dizendo que são *profundos* (acompanhe lá no texto: "*profundidade* da riqueza, da sabedoria e do conhecimento de Deus", v. 33a). Aquilo que Deus sabe e possui é incalculável. Deste modo, por causa da profundeza do seu conhecimento, o jeito como ele governa tudo ("seus juízos" e "seus caminhos", v. 33b) não pode ser totalmente explicado ou compreendido pelo homem (é isso que significa ser "insondável" e "inescrutável"). Se a nossa mente não alcança Deus, ela também não vai conseguir compreender o porquê de ele agir como age.

Enquanto louvava ao Senhor por seus planos altíssimos, Paulo se lembrou de alguma coisa que ele lera tempos atrás, nos rolos do Antigo Testamento: desde os tempos antigos, a sabedoria de Deus surpreende e assombra os homens, e sua Palavra sempre confirmou isso. Paulo, então, citou dois textos antigos que mostram o conhecimento inalcançável do Senhor; o primeiro foi retirado das profecias de Isaías e o segundo, dos poemas de Jó (vs. 34-35):

> Quem conheceu a mente do Espírito do Senhor, ou o instruiu como seu conselheiro? (Isaías 40:13).

O SENHOR DE FATO(S)

[Disse Deus:] "Quem primeiro me deu alguma coisa, que eu lhe deva pagar?" (Jó 41:11).

Esses dois versículos mostram que ninguém pode adicionar coisa alguma à riqueza, à sabedoria ou ao conhecimento do Senhor. Deus não pode ser aconselhado, é ele quem aconselha; ele não pode ser ensinado, é ele quem ensina; ninguém pode lhe emprestar, é ele quem dá a todos. Ninguém tem condições de acrescentar nada a Deus. Por quê?

Romanos 11:36, o verso final do capítulo, responde: porque o Senhor é a origem de tudo ("porque dele"); ele sustenta a tudo ("por ele"); ele é a razão da existência de tudo ("para ele"). É por isto que ninguém pode dar nada a Deus, nem acrescentar outras palavras às dele. Porque tudo o que existe já é dele, existe por causa dele e existe para ele. Portanto, concluiu Paulo, toda glória que possa se alcançar no mundo já pertence ao Senhor.

Vamos resumir os pontos principais de Romanos 11:33-36 para nos auxiliar nos assuntos dos quais vamos tratar até o fim deste capítulo:

1. As riquezas, a sabedoria e o conhecimento do Senhor são infinitamente profundos.

2. Portanto, seus caminhos e juízos não podem ser conhecidos pela mente humana sem que Deus os revele ao homem.

3. Sabemos disso porque sua Palavra diz, desde os tempos antigos, que ninguém pode acrescentar nada à sua sabedoria, ao seu conhecimento e às suas riquezas.

4. A razão disso é que todo o conhecimento e todas as riquezas que possuímos — de fato, tudo o que existe — originaram-se em Deus, existem por meio de Deus e têm em Deus a sua finalidade.

5. Portanto, toda glória pertence ao Senhor, e não a nós.[3]

Jesus *versus* Quem, mesmo?

Vamos considerar o quarto ponto desse resumo: "todo o conhecimento e todas as riquezas que possuímos — de fato, tudo o que existe — originaram-se em Deus, existem por meio de Deus e têm em Deus a sua finalidade."

Eu lhe pergunto: o que pertence a Deus?

Pense por um segundo. Agora, volte para o texto de Romanos. Segundo lemos em Romanos 11:36, *todas as coisas* são dele. Logo, tudo pertence a Deus. Paulo não está dizendo que apenas a graça, a justiça e a fé — três itens que ele menciona na carta — foram criadas pelo Senhor e pertencem a ele. Sim, elas lhe pertencem, mas todas as outras coisas do mundo também são dele. Tudo o que ele criou lhe pertence: "Do SENHOR é a terra e tudo o que nela existe, o mundo e os que nele vivem; pois foi ele quem fundou-a sobre os mares e firmou-a sobre as águas" (Salmos 24:1-2). Os animais, as plantas e as estrelas foram criados por Deus e são de sua propriedade; mas, da mesma forma, os átomos, as células, a eletricidade e a força da gravidade são criações de Deus e também pertencem a ele.

Nada existe independente do Senhor, é o que podemos concluir de Romanos 11:36. Os homens descobrem coisas, dão nome a elas, estudam-nas, mas todas foram criadas por Deus e pertencem a ele desde o começo — o teorema de Pitágoras, os bacilos de Koch, as leis de Mendel, o disco de Newton, etc. O que podemos concluir? Que a trigonometria, a biologia, a música, a higiene, a literatura, a moda e todas as áreas do conhecimento humano são obra de Deus!

É nisso que está o problema do dualismo, que apresentamos no começo do capítulo. Essa corrente reconhece que existe um reino "espiritual", e que as coisas desse reino pertencem ao Senhor, porque Deus é espírito. Mas as outras, as do reino "físico", são carnais demais para Deus governá-las, porque ele é muito santo para se misturar com elas. O dualismo nos faz achar que é possível tratar essas coisas de um ponto de vista "neutro", sem levar Deus em conta. No entanto, se o Senhor não é autoridade sobre esses assuntos, quem é? Se os reinos não foram criados por Deus, quem os criou? Quer dizer, então, que há outro Criador e outro Senhor sobre o universo além do Deus que a Bíblia apresenta?

Se for assim, temos um problema — e um dos grandes! Concluiríamos que existem áreas na sua vida, e também na minha, sobre as quais Deus não tem autoridade nenhuma, e que podemos lidar com elas como bem entendermos. Que existem situações no mundo pelas quais não adianta nem orar porque elas não fazem parte do domínio de Deus. Mas, sendo assim, que "deusinho" é esse que não é a autoridade final sobre o mundo. Ele é Senhor ou o quê?

Segundo o texto de Paulo, isso é impossível. Não há qualquer coisa no universo que não pertença a Deus porque tudo foi criado por ele e para ele, portanto tudo lhe pertence — não só as coisas "espirituais", mas também as "físicas".

Se separarmos Deus de tudo que não é religioso ou espiritual, então os cientistas que citamos há algumas páginas estão certos: Deus não tem muita utilidade. Ele pode até ser necessário para explicar, de vez em quando, o porquê de alguns eventos sobrenaturais, como uma cura milagrosa, mas fora isso, as leis do mundo natural dão conta. É daí que vem o questionamento do meu professor da banca de mestrado sobre a oposição entre fé e ciência. Cada uma fica de um lado do ringue e se tornam inimigas mortais. A fé e a religião são para os supersticiosos e ignorantes, enquanto a razão e a ciência são para os modernos e sábios. Elas jamais darão as mãos e caminharão lado a lado.

Infelizmente, é assim que alguns pensam hoje, inclusive dentro da igreja. Muitos não veem mais o mundo inteiro como domínio de Cristo, mas acham que apenas as atividades e os ensinos que acontecem dentro da igreja são dele e para ele. No entanto, pensar assim leva as pessoas a agirem de um jeito aos domingos, no "dia do Senhor", e de outro nos demais dias da semana — quando eu canto no culto, é para Deus; quando dou uma aula na segunda-feira, é para ganhar o meu salário; quando eu ajudo um necessitado, é para Deus; quando eu pego um ônibus, é para chegar à escola; e assim por diante. Conseguimos virar o minotauro: metade de nós é crente e faz coisas de crente; e a outra metade simplesmente "é", e faz coisas de ser humano. Dualismo total.

Por causa dessa visão dividida é que esse comportamento, muitas vezes, está presente dentro da própria igreja. Ser cristão é algo que influencia apenas as decisões éticas ou morais do dia a dia (e, sinceramente, em alguns casos, nem isso): ser honesto, ser bondoso, etc. Mas em outras atividades menos morais, o cristianismo não tem influência nenhuma sobre seus seguidores: na maneira como dirige um carro, descarta o lixo ou usa a internet... Nessas coisas, os cristãos agem da mesma forma que os não cristãos.

O dualismo na mente cristã pode chegar ao ponto de fazer você crer em uma coisa aos domingos enquanto crê em outra coisa de segunda a sábado. Usando o meu "causo" com a banca do mestrado como exemplo: há cientistas cristãos que responderiam à pergunta feita pelo meu professor usando uma cosmovisão totalmente dualista. Alguns entendem que o relato de Gênesis 1 sobre a criação do mundo é alegórico, e não uma narrativa *exata*. Trata-se apenas de uma historinha para mostrar que Deus é tão poderoso, mas tão poderoso que, se ele quisesse, poderia ter criado o mundo inteiro. E levaria apenas seis dias para fazer isso.

Outros estudiosos são menos "hereges" e entendem que o relato de Gênesis é real, mas que a duração de cada um dos seis dias em que a terra foi criada não é de 24 horas, pois citam: "para o Senhor, um dia é como mil anos e mil anos são como um dia" (2Pedro 3:8). Essa saída, aliás, é muito diplomática e inteligente, bastante usada para evitar controvérsias. Assim, os seis dias de Gênesis poderiam ter durado, na verdade, seis milhões de anos ou até mais. Desse jeito, o texto bíblico é *conformado* às descobertas científicas sobre a idade da Terra.

Essa separação que os próprios cristãos fazem entre as coisas que creem e a maneira como lidam com o mundo leva muitos intelectuais a tratarem o cristianismo mais como um "passatempo" do que como a verdade a respeito de todas as coisas. Como comentou certo professor universitário ateu dos Estados Unidos: "Anseio pelo dia em que a religião vai se tornar um passatempo, algo que as pessoas fazem para se divertir aos domingos, tal qual tricotar; uma atividade que não afete a sua vida."[4] A Bíblia, por sua vez, em vez de ser considerada a revelação divina, tornou-se um livro de moral e bons costumes, formado por mitos e parábolas. Nas palavras de outro professor universitário, um judeu que leciona em Cambridge: "Religião é como ler um livro. Você pode crescer como pessoa e se entreter com essa experiência, embora saiba que aquilo não é verdadeiro". Em outras palavras: falar de Jesus como personagem real é o mesmo que falar de Harry Potter como alguém real.[5]

Você percebe até que ponto vai o dualismo? Se concordarmos que religião é "coisa de Deus", enquanto ciência, história, cinema, política e outros assuntos são "coisas do mundo", reduzimos o Criador do universo a um gerente de assuntos espirituais e restringimos nossa vida com Deus ao que fazemos na igreja, ou ao tempo que passamos lendo a Bíblia e orando. Acabaremos vivendo na prática o que os secularistas dizem na teoria: a religião é uma preferência pessoal que não tem nada a ver com as outras áreas da vida. Se tivermos essa mente dividida, podemos até ser cristãos sinceros, mas, na maior parte da semana, viveremos como se não fôssemos cristãos, usando os padrões da cosmovisão do mundo para tomar as decisões do dia a dia.

Não podemos agradar a Deus apenas com as tarefas da igreja. Temos de viver para ele de maneira integral, de segunda a segunda, para realmente lhe darmos toda a glória que ele merece, conforme diz o quinto ponto do nosso resumo. Diante de descobertas maravilhosas na área da ciência ou da economia, diante de belas representações artísticas na música ou na literatura, poderemos realmente tributar a Deus a glória que lhe é devida por ter sido o Criador de tais coisas e ter dado aos homens o privilégio de estudá-las e desenvolvê-las.

Então, desconforme-se! "Do SENHOR é a terra e tudo o que nela existe." Se cremos em Jesus como Senhor de todas as coisas, não podemos olhar para nenhuma área do conhecimento humano e dizer que aquilo é secular, mundano, carnal ou — igualmente ruim — neutro. Tudo é "cristão", porque tudo é de Cristo. "Nenhuma única parte do nosso universo mental deve ser hermeticamente fechada do restante. Não existe um centímetro quadrado no domínio inteiro de nossa existência humana sobre o qual Cristo, que é Soberano sobre tudo, não reivindique: 'É meu!'"[6]

O Deus cientista

O fato de tudo ser de Cristo está totalmente ligado ao fato de que tudo foi feito "por meio dele", conforme escreveu o evangelista João: "Todas as coisas foram feitas por intermédio dele; sem ele, nada do que foi feito se fez" (1:3). Sendo totalmente sábio, Deus não economizou conhecimento na hora de criar o mundo. Sua sabedoria profunda não foi aplicada apenas na salvação de seu povo, mas em toda a criação. Cada canto do universo demonstra o conhecimento do seu Criador.

Em Provérbios, vemos como a sabedoria pertence a Deus desde o início, e como ela foi usada na formação do mundo (o texto a seguir foi escrito como se a própria sabedoria estivesse falando):

> O Senhor me criou como o princípio de seu caminho, antes das suas obras mais antigas; *fui formada desde a eternidade, desde o princípio, antes de existir a terra.* Nasci quando ainda não havia abismos, quando não existiam fontes de águas; antes de serem estabelecidos os montes e de existirem colinas eu nasci. Ele ainda não havia feito

a terra, nem os campos, nem o pó com o qual formou o mundo. *Quando ele estabeleceu os céus, lá estava eu*, quando traçou o horizonte sobre a superfície do abismo, quando colocou as nuvens em cima e estabeleceu as fontes do abismo, quando determinou as fronteiras do mar para que as águas não violassem a sua ordem, quando marcou os limites dos alicerces da terra, eu estava ao seu lado, *e era o seu arquiteto*; dia a dia eu era o seu prazer e me alegrava continuamente com a sua presença. Eu me alegrava com o mundo que ele criou, e a humanidade me dava alegria (Provérbios 8:22-31).

Grifei algumas frases do texto bíblico para mostrar como o mundo foi fundamentado na sabedoria de Deus. Nosso universo não brotou do acaso, mas foi planejado, estruturado por um arquiteto inteligentíssimo, conforme diz o primeiro ponto de nosso resumo: "As riquezas, a sabedoria e o conhecimento do Senhor são infinitamente profundos." E essa inteligência está refletida em todas as coisas criadas.

Umas das principais provas disso são as leis que regem nosso universo e o tornam mais preciso que um relógio. O sol, por exemplo, aparece no céu apenas durante o dia (Gênesis 1:16), em vez de ficar pendurado lá o tempo todo (Salmos 104:19). Essa passagem do astro-rei pelo céu, do ponto de vista de quem está aqui embaixo, serve de referência para marcar a duração do dia, dos anos e também das estações (Gênesis 1:14). Outro exemplo é a chuva. O ciclo da água prevê que ela deve subir ao céu para descer novamente como chuva (Jó 36:27). Mas ela não cai de lá de qualquer jeito. Há uma quantidade de água para chover (Jó 28:25), e a época certa para a chuva cair (Deuteronômio 11:14).

A regularidade com que a criação funciona é tão notável que os profetas não viram mal em usá-la como medida para falar da vinda do Senhor: "Tão certo como nasce o sol, ele aparecerá; virá para nós como as chuvas de inverno, como as chuvas de primavera que regam a terra" (Oseias 6:3).

Mas não apenas os profetas confiaram na regularidade da criação. Falando dos dias de hoje, a ciência também crê nas regras que regem o mundo, e não só isso: ela depende dessas regras para existir. "'A crença no poder absoluto das leis da natureza é parte profundamente arraigada da cultura científica', escreve certo astrofísico. 'Para fazer ciência, temos de ter fé de que algo é sacrossanto e de todo seguro.'"[7]

O SENHOR DE FATO(S)

O que essa última frase quer dizer, em termos beeem simples é que, por experiência própria, sei que toda vez que colocar água no congelador, ela vai virar gelo. Pronto. Não importa a marca do eletrodoméstico, o dia da semana, o ponto cardeal em que estão a água e o congelador. Se tenho água (100% água) e um congelador (100% funcionando), ao colocar a água nele, em alguns minutos, terei gelo.

O cientista faz sua pesquisa hoje baseando-se no que ele (ou outros) aprenderam ontem. Ao descobrir uma lei sobre determinado elemento, ele sabe que, dentro daquelas condições, o elemento vai reagir sempre da mesma maneira. Ele tem fé de que amanhã, independentemente de ser quarta ou quinta-feira, o elemento não vai agir de maneira distinta de como agiu no sábado. Se não fosse assim, seria impossível fazer ciência. E não só ciência: seria impossível cozinhar, tocar um instrumento musical, praticar um esporte...

Porém, essa certeza só pode existir dentro de um mundo projetado, e não num mundo que nasceu do acaso, pois o acaso não forma regras. Pense, por exemplo, num dado de tabuleiro. Qual é a regra para jogar o dado para o alto e sempre tirar o número seis? A menos que o dado seja viciado, não tem regra, é questão de acaso. Você pode tirar o número seis por mil vezes seguidas ou nenhuma.

Os cientistas não cristãos erram ao achar que a ciência lida com fatos, enquanto a religião lida com fé. *A ciência também lida com fé* (#prontofalei). Ela também crê que a ordem das coisas não vai mudar de uma hora para outra, e depende totalmente dessa constância para continuar a ser praticada.

O problema, no entanto, não está na ciência, pois ela também foi criada por Deus, e pertence a ele, para a glória dele. O problema, mais uma vez, está no dualismo com que os cientistas não cristãos (ou cristãos, porém dualistas) conduzem seus experimentos. Lembre-se de que uma das bases da ciência moderna é o naturalismo (o pensamento de que só existe o mundo natural; não há nada sobrenatural). O naturalista crê nisso, assim como o cristão crê em Deus e no mundo sobrenatural. No entanto, apesar de crer que tudo se originou de eventos naturais, por mero acaso, o cientista naturalista também crê que as coisas funcionam num conjunto de regras, e não *ao acaso*, e que elas estão dentro de situações de causa e efeito (como o fato de colocar a água no congelador e obter gelo), as quais não variam sem explicação. Bem, ou você crê no acaso, ou não!

A falha do cientificismo, bem como do dualismo (e, como veremos, do ateísmo) é que nenhum deles consegue ser consistente. Seus praticantes creem numa coisa com todas as suas forças, mas, no dia a dia, contam com o oposto daquilo em que creem. É como dizer que não existe certo nem errado, mas ficar furioso com um grande desvio de dinheiro público. Ué, se não há certo nem errado, qual a base que existe para se condenar a corrupção? Nenhuma!

O cristianismo é a única cosmovisão que explica perfeitamente como o mundo funciona; também é a única base que permite às pessoas viverem de modo coerente, não precisando de nenhuma ferramenta de outra cosmovisão. Na cosmovisão cristã há uma explicação perfeitamente lógica para este mundo que funciona de um jeito tão preciso: ele foi criado por um Deus racional, o qual também estabeleceu regras e limites dentro dos quais o mundo funciona; e esse mesmo Deus equipou os seres humanos com a habilidade de descobrir essa ordem na natureza.[8] Por isso, podemos fazer ciência, fazer música, fazer comida e tudo o mais para a glória de Deus, do mesmo jeito que oramos e lemos a Bíblia para a glória dele. A ciência não contradiz Deus, ela aponta para ele. Toda verdade é a verdade de Deus, onde quer que a encontremos, como escreveu Agostinho e outros pais da igreja, há muito tempo.

O próprio homem foi criado com um "dispositivo de reconhecer Deus." Lemos sobre isso, mais uma vez, na carta aos Romanos, em seu primeiro capítulo:

> Pois o que de Deus se pode conhecer é manifesto entre eles [todos os homens], porque Deus lhes manifestou. Pois desde a criação do mundo os atributos invisíveis de Deus, seu eterno poder e sua natureza divina, têm sido vistos claramente, sendo compreendidos por meio das coisas cridas (Romanos 1:19-20).

As coisas criadas — dos animais à mecânica — demonstram o "eterno poder" e a "natureza divina" de Deus. Porém, por causa do pecado e da rebeldia do homem em considerar-se maior que o Senhor e independente dele, a humanidade vem tentando "suprimir a verdade pela injustiça" (v. 18), "inventando todos os tipos de explicações alternativas para o mundo. Mas nenhuma delas é adequada."[9] Porém, em vez de perceberem que suas explicações não condizem com a realidade que testemunham dia após dia, muitos preferem distorcer *a realidade* para que ela se encaixe em suas explicações. São defensores fanáticos de suas ideias, tão fanáticos quanto os religiosos mais intransigentes. Paulo disse que esses homens são "indesculpáveis" (v. 20b).

Assim, por mais que os fatos apontem a verdade de Deus, se não houver uma revelação divina, *esses fatos não indicarão a Verdade*. Prova disso é que, a partir dos mesmos fatos, pessoas conseguem chegar às conclusões mais diferentes. Alguns concluem que o universo surgiu do nada; outros entendem que ele foi criado por Deus a partir do nada e há ainda quem acredite que o universo foi criado por um alienígena, a partir de uma pipoca cósmica.

Como diz o segundo ponto de nosso resumo, "os caminhos e juízos de Deus não podem ser conhecidos pela mente humana sem que Deus os revele ao homem." Sem a instrução de Deus, com base em seu próprio raciocínio lógico, as pessoas não podem conhecê-lo como Senhor. Isso porque os fatos, embora nitidamente apontem para o Criador, serão interpretados de acordo com outra cosmovisão, de acordo com a mente humana, e falharão em levar o homem a Deus.

Como cristãos, nossa função não é condenar essas pessoas, mas levá-las, pelo evangelismo, a ver que existe uma explicação para o mundo em que todas as peças do quebra-cabeça se encaixam, e ajudá-las a perceber, com a ajuda do Espírito Santo, que sua crença contradiz tudo o que experimentam no mundo real. Se aquilo em que acreditam não condiz com a realidade, logo não podem ser verdadeiras.

Se não há Deus, não há mal (nem bem)

O último "ismo" a considerar neste capítulo é o ateísmo. Ele é, aliás, uma mostra definitiva de que fatos, por si só, não levam a Deus pois, ao analisar apenas os fatos, alguns homens concluem que Deus não existe.

Foi isto que um dos ateus mais famosos do mundo, o biólogo Richard Dawkins, afirmou em seu livro *Deus, um delírio*: Deus só pode ser uma ilusão, porque ele não poderia existir. Embora o universo pareça ter sido projetado, diz o autor, isso não seria possível, porque quem teria projetado o projetista?[10]

O ponto em que Dawkins e muitos outros falham é achar que Deus se submete às mesmas leis que governam a natureza, tendo surgido também dentro do sistema de causa e efeito:

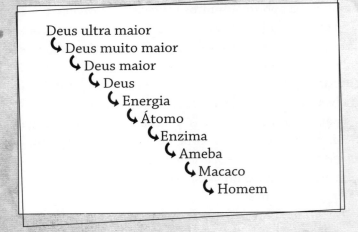

É claro que o diagrama acima é uma brincadeira; ninguém pensa de maneira tão simplista assim. Mas ele serve para ilustrar o ponto em que o raciocínio ateu dá um nó. Como a Alice (do País das Maravilhas), dentro da toca do coelho, esse raciocínio nunca chega ao fundo do poço (se bem que a Alice chegou...). É como a criança de quatro anos que, diante de tudo o que lhe dizem, quer saber: "Por quê?" Já viu uma criança assim, ou já foi uma delas?

— Filho, coloque o sapato.
— Por quê, papai?
— Porque senão você vai machucar o pé.
— Por quê?
— Porque aqui na grama tem formigas.
— Por que elas estão na grama?

E a conversa segue até o pai perder a paciência e dizer: "Porque sim!" ou "Porque eu mandei!"

A verdade é que não é possível usar a razão para explicar todos os fatos. Se assim fosse, se tivéssemos de ter uma justificativa para cada explicação, seríamos obrigados a ficar infinitamente respondendo os "porquês", e seria impossível conhecer qualquer coisa de verdade. A própria ciência e a razão entrariam em colapso.[11]

O ponto que está por baixo disso tudo é o terceiro de nosso resumo: "ninguém pode acrescentar nada à sabedoria, ao conhecimento e às riquezas de Deus." Ninguém poderia ter criado Deus porque ninguém teria conhecimento superior ao dele para fazê-lo. Nossa cabeça, porém, não consegue imaginar isso, um ser que não foi criado, não fica preso ao tempo nem ao espaço, sempre existiu e sempre vai existir, e que sempre tem o mesmo rosto (se tiver um) e os mesmos pensamentos, pois não muda jamais. Não conseguimos imaginar um ser assim, porque ele explode toda a nossa razão.

Assim, quem confia apenas em sua razão para conhecer o mundo, jamais aceitará a existência de Deus. No entanto, como escreveu o teólogo e escritor Rice Broocks:

> Mesmo a razão sendo, obviamente, vital para a nossa existência, ela não deve ser aplicada de forma imprudente. Essa tendência é vista quando a razão é usada de uma forma reducionista e tenta limitar a verdade a apenas aquilo que é cientificamente e empiricamente verificável, até eliminando meios lógicos e filosóficos de alcançar o conhecimento. Ateus tendem a fazer isso quando retratam a ciência como a salvadora da humanidade.[12]

Nem a razão nem a ciência dão conta de explicar tudo. Elas podem encontrar um jeito de traçar uma linha até o começo das coisas e explicar como o mundo surgiu. Ambas, porém, não conseguem dizer por que e em que momento as coisas deram errado. (Se você se lembra da nossa explicação inicial sobre cosmovisão, perceberá que essa linha de raciocínio falha em responder ao segundo ponto — a queda — que pergunta: "O que deu errado com o mundo?")

As pesquisas científicas modernas, principalmente na área da genética e da psicologia, conseguem perceber *onde* há um problema. Conseguem isolar anomalias no corpo e no comportamento humano que explicam por que algumas pessoas são propensas à depressão enquanto outras são propensas ao alcoolismo, por que uns se tornam assassinos enquanto outros ficam milionários. Mas nenhuma dessas pesquisas é capaz de dizer *por que* existe a depressão. *Por que* pessoas matam outras pessoas. *Por que* se apegam ao álcool ou ao dinheiro. O problema está detectado, mas não são capazes de explicar a razão de sua existência.

Aliás, não são capazes de explicar nem por que são um problema! Por que matar pessoas é errado? Por que ficar deprimido não é bom? Por que ser viciado em álcool ou em dinheiro ou em qualquer outra coisa não está certo?

A ciência e a razão não conseguem explicar o porquê de existir o bem e o mal. Mas é bem curioso o fato de muita gente achar que Deus não pode existir justamente por causa do mal presente no mundo. "Se existe mesmo um Deus, por que ele permite que a gente sofra tanto? Por que ele deixa que tantas pessoas boas morram, ao passo que tantas pessoas ruins continuam vivas?"

C. S. Lewis se fez a mesma pergunta. Esse influente e famoso pensador cristão era ateu antes de se converter. Ele escreveu que sua linha de raciocínio era a seguinte: "Meu argumento contra Deus era o de que o universo parecia injusto e cruel. No entanto, de onde eu tirara essa ideia de justo e injusto? Um homem não diz que uma linha é torta se não souber o que é uma linha reta. Com o que eu comparava o universo quando o chamava de injusto?"[13]

Percebeu outro nó de raciocínio? Se não há um Deus, como podemos dizer o que é certo e errado, bom e mau? Alguém pode até falar que existem leis para determinar o que é certo e errado, e isso é uma verdade. Mas as leis não tratam do que é bom ou ruim. Há leis que proíbem o lucro desonesto, mas nenhuma lei proíbe a ganância. Há leis que proíbem a pornografia e a prostituição, mas nenhuma proíbe a luxúria. Há leis que proíbem o assassinato, mas nenhuma proíbe o ódio.

Há questões de certo e errado que vão além da lei. Trata-se de um código moral que todos, religiosos ou ateus, levam em consideração na hora de viver.[14] No entanto, como escreveu C. S. Lewis, é impossível haver uma base para determinar o que é moral e o que é imoral se não há um Deus que dê o padrão, se não existe uma entidade que seja o árbitro entre o que eu penso e o que você pensa.

REFORMANDO A MENTE

O versículo-chave deste livro é Romanos 12:2 (eu sei, você ainda se lembra). Estudamos há pouco o final do capítulo 11. Vou colocar esses dois trechos aqui, conforme estão no texto bíblico, para você ver a ligação que há entre eles:

Ó profundidade da riqueza, da sabedoria e do conhecimento de Deus! Quão insondáveis são os seus juízos, e inescrutáveis os seus caminhos! "Quem conheceu a mente do Senhor? Ou quem foi seu conselheiro?"

O SENHOR DE FATO(S)

"Quem primeiro lhe deu, para que ele o recompense?" Pois dele, por ele e para ele são todas as coisas. A ele seja a glória para sempre! Amém.

Portanto, irmãos, rogo-lhes pelas misericórdias de Deus que se ofereçam em sacrifício vivo, santo e agradável a Deus; este é o culto racional de vocês. Não se amoldem ao padrão deste mundo, mas transformem-se pela renovação da sua mente, para que sejam capazes de experimentar e comprovar a boa, agradável e perfeita vontade de Deus (Romanos 11:33—12:2).

Repare na palavra que dá início ao segundo parágrafo (e ao capítulo 12): *portanto*. O que significa "portanto"? Significa: "então; assim; levando isso em consideração; tendo isso em vista." É como se Paulo escrevesse: "Então, gente, levando em conta tudo o que eu já falei até agora, eu lhes peço, pelas misericórdias de Deus, que vocês se ofereçam em sacrifício a Deus [...] e não se amoldem ao padrão deste mundo."

Percebe como está tudo ligado? O chamado para se desconformar não é uma ordem solta, perdida no meio de um monte de versículos em Romanos. Ela está diretamente ligada a tudo o que Paulo disse ao longo dos onze primeiros capítulos e que ele, de certo modo, resumiu no final do capítulo 11: tudo é de Deus, feito com sua incrível sabedoria, a qual não pode ser compreendida pela mente humana. Todas as coisas encontram em Deus a sua origem, sua explicação e seu propósito. Logo, toda glória pertence só a ele.

Nós nos desconformamos deste século não para sermos os "inconformados" de plantão, mas para nos conformar com a verdade eterna de Deus. Renovamos a mente para que, por meio do Espírito Santo, possamos compreender o agir de Deus na história e, assim, experimentar a sua perfeita vontade na *nossa* história. Desse modo, seremos finalmente "conformes à imagem de seu Filho" (Romanos 8:29).

Procure manter esse objetivo em mente enquanto lê as dicas a seguir. Não lutamos contra os "ismos" da cosmovisão pós-moderna apenas para sermos intelectuais, mas para sermos parecidos com Jesus. Isso, no fim das contas, é a única coisa que vai atrair de fato as pessoas a Deus, e não a nossa capacidade de provar por A + B o quanto elas estão erradas (e nós, certos).

1. Busque a glória e Deus em todas as áreas da sua vida

Como vimos, o dualismo é um pensamento que se opõe à verdade de que Jesus é Senhor sobre todas as coisas. E isso inclui a nossa vida também.

Não existe nenhuma atividade ou área de nossa vida que seja "neutra". Ou ela é vivida para a glória de Cristo ou ela glorifica o ser humano ou o diabo. Não existe meio-termo. Se não estou escrevendo este livro para a glória de Deus, então estou fazendo isso para a minha própria glória (e não pense que isso é menos pior que fazer para a glória do diabo ou do mundo. Seja de uma forma ou de outra, estou roubando a glória que só Jesus merece e transferindo-a para outra pessoa).

Quando programamos nossa mente para fazer tudo para a glória de Deus, então evitamos o dualismo e faremos de Jesus o Senhor real de tudo o que somos, pois qualquer atitude nossa terá como objetivo agradar a ele e glorificá-lo.

Às vezes, pensamos que glorificamos a Deus quando deixamos de fazer as coisas "seculares" para fazer as "espirituais", como deixar de assistir a um filme para ler a Bíblia, ou deixar de ir a um aniversário para ir à igreja, e assim por diante. Certamente, essas são escolhas mais saudáveis, mas o simples ato de ir à igreja ou de ler a Bíblia não é suficiente para glorificar a Deus se essa não for a intenção de seu coração.

Em Mateus 6, no Sermão do Monte, Jesus deu exemplos de atitudes "espirituais" que não glorificavam a Deus em nada:

- Praticar obras de justiça diante dos outros para "serem vistos por eles" (1-4);
- Orar em local público para ser "visto pelos outros" (5-14);
- Demonstrar aparência abatida ao jejuar, para "que os outros vejam" (15-18).

Ajudar os necessitados, orar e jejuar são práticas louváveis, mas elas perdem todo o sentido quando são feitas buscando a glória de quem faz, e não a glória de Deus. Em cada um dos trechos anotados anteriormente, Jesus disse que quem faz o bem buscando sua própria glória "já recebeu sua recompensa."

Com isso, quero dizer que não é a atividade que você realiza que glorifica ou não a Deus, mas a atitude do seu *coração*, o modo como você faz as coisas. Assim, dependendo da intenção do coração, ler a Bíblia pode

O SENHOR DE FATO(S)

acabar sendo mais "não espiritual" do que assistir a um filme. Buscar a glória de Deus deve ser nosso objetivo seja orando, seja conversando no WhatsApp: "Assim, quer vocês comam, bebam ou façam qualquer outra coisa, façam tudo para a glória de Deus" (1Coríntios 10:31).

O que significa, então, buscar a glória de Deus? Como assistir a um filme para a glória de Deus?

Podemos encontrar uma resposta em outra carta de Paulo, desta vez, ao jovem Timóteo, na qual ele escreveu:

> o casamento e o consumo de alimentos que Deus criou para serem recebidos com ação de graças pelos que creem e conhecem a verdade. Pois tudo o que Deus criou é bom, e nada deve ser rejeitado, se for recebido com ação de graças, pois é santificado pela palavra de Deus e pela oração (1Timóteo 4:3-5).

Entendo que filmes são expressões de arte, e a arte é boa, pois "tudo o que Deus criou é bom". Se nossos olhos, ouvidos e mente foram "santificados pela Palavra de Deus e pela oração", podemos contemplar a arte com o coração grato a Deus pelas imagens bem criadas, pelas músicas e sons bem produzidos, pela história bem montada.

A Palavra também diz que "'Tudo é permitido', mas nem tudo convém. 'Tudo é permitido', mas nem tudo edifica" (1Coríntios 10:23). Então, se sabemos que determinada atitude "não edifica" em nada, mas, pelo contrário, tem a grande possibilidade de nos levar ao pecado, então devemos evitá-la. "Afastem-se de toda forma de mal" (1Tessalonicenses 5:22). Ou seja: se existe a chance de que assistir a determinado filme (ou ouvir uma música, ir a uma festa, etc.) leve você a pecar, afaste-se disso. Você glorifica mais a Deus quando preserva o seu coração do que quando fica testando o quanto ele aguenta antes de pecar.

Também glorificamos a Deus quando fazemos aquilo que lhe agrada e procuramos o bem e a salvação de outros, conforme diz este versículo: "Porque não estou procurando o meu próprio bem, mas o bem de muitos, para que sejam salvos" (1Coríntios 10:33). Desta forma, assistir a um filme pode ser uma maneira de compreender a cosmovisão do seu direito artístico e ver como ela influencia a nossa geração. Ao confrontar essa cosmovisão com a Bíblia, aprendemos mais sobre a solução de Deus para as necessidades apresentadas no filme (solidão, paixão, medo, etc.), e podemos nos preparar para responder melhor aos anseios das pessoas ao nosso redor.[15]

Novamente, não é o fato de assistir a um filme cristão que vai garantir que você glorifique a Deus, mas sim a intenção do seu coração ao ver o filme. Comemos, bebemos, trabalhamos, praticamos esportes, amamos e servimos de maneira que possamos alcançar o mundo para Jesus. A despeito do que façamos, o propósito é anunciar quem é Deus, o que ele fez por nós e o significado do seu amor pela humanidade. Fazemos isso para a glória *dele*, e não nossa.[16]

2. Questione as pesquisas científicas

Quero concluir o capítulo contando o final da minha história com a banca do mestrado. Eu não disse qual foi a minha resposta à pergunta "Como você irá conciliar sua fé cristã com a idade geológica da Terra?"

Eu sei que a ciência também é de Deus como qualquer outra área de conhecimento cristão e creio nisso. Logo, se uma pesquisa científica está revelando dados que contradizem a verdade de Deus, posso concluir que essa pesquisa não está sendo feita sobre premissas verdadeiras. É uma pseudociência. Creio que a Bíblia é a verdade absoluta e, então, se alguma descoberta científica aponta para algo diferente do que a Bíblia diz, então é a descoberta que tem de ser refeita, e não a Bíblia que tem de ser reescrita.

Essa foi a base da minha resposta ao professor. Questionei como os cientistas datavam suas descobertas e apontei para algumas falhas e limitações do método, amplamente conhecidas, que acabam fazendo da idade da Terra um grande chute cronológico. Diante da minha fala ele disse: "Você tem razão, temos buscado métodos mais precisos."[17]

É com base nessas observações que deixo a dica final deste capítulo: questione as pesquisas científicas que aparecem por aí, em especial na internet. Quando aparecer na mídia a manchete "Cientistas norte-americanos descobriram que...", procure no texto: qual foi o método de pesquisa? Qual foi o número de vezes que aquela experiência foi repetida? Com quantas pessoas a pesquisa foi feita? Ela levou em consideração as variáveis do processo e os diferentes fatores geográficos?

Você verá que não faltam pesquisas que se dizem "científicas", mas apresentam parâmetros tão fracos que não servem nem para uma pesquisa de mercado contratada pelo supermercado do seu bairro.

Aplicam um questionário para um grupo de 300 e poucas pessoas que vivem na mesma cidade e publicam o resultado como se a descoberta fosse uma verdade universal que diz respeito aos 7 bilhões de seres humanos, vivendo nos 192 países do mundo.

À medida que você se aprofundar nas pesquisas, verá que, em seu âmago, os pesquisadores tinham uma cosmovisão que orientou o trabalho desde o começo, e que a pesquisa foi feita já tendo em mente um determinado resultado.

Não temos de engolir calados todos os tipos de informação divulgados pela mídia com base em pesquisas pseudocientíficas. Não tenho medo de afirmar que isso não é nem ciência e nem pesquisa, porque não está comprometida com a verdade, mas apenas deseja provar um ponto de vista preestabelecido.

Isso, aliás, vale para qualquer afirmação, não só as científicas. Se alguma informação contradiz, ainda que levemente, a Palavra de Deus, preste atenção. Lembre-se de que o verdadeiro conhecimento tem como ponto de partida o temor a Deus (Provérbios 1:7). Como cristãos, podemos ter a confiança de que o mundo criado vai refletir seu Criador e confirmar o que ele diz em sua Palavra. Assim, a ciência bem-feita vai apontar a Deus. Se isso não acontecer, fique de orelhas em pé. Lembre-se de que o homem não redimido tem a tendência a "suprimir a verdade pela injustiça" (Romanos 1:18), e que não hesitará em fazer isso em qualquer campo da vida humana.

UM VAZIO DO TAMANHO DE DEUS

3

UM VAZIO DO TAMANHO DE DEUS

DESCONFORMANDO-SE DO PAGANISMO

A luta entre fé e razão ou entre religião e ciência que vimos no capítulo anterior não é uma novidade trazida pelo pós-modernismo. Faz pelo menos quatro séculos que estudiosos, filósofos, cientistas e também teólogos se dividem nesse debate da fé *versus* razão.

Entre tais estudiosos houve um homem muito notável, chamado Blaise Pascal, nascido em 1623. Pascal foi cientista, matemático, escritor, filósofo, físico e teólogo, um verdadeiro homem renascentista. Diferentemente de todos os estudiosos da sua época, Pascal não vestiu a camisa da fé na luta contra a razão, nem a da ciência na disputa contra a religião. Ele tentou integrar e conciliar essas áreas de conhecimento que os demais pensadores de sua época consideravam como água e óleo, ou seja, não se misturavam. Pascal acreditava que unindo-as, em vez de separando-as, ele alcançaria um conhecimento superior (não era à toa que o cara era um gênio!).

Entre os seus tratados de física e mecânica, Pascal encontrou tempo para colocar no papel algumas ideias sobre a fé cristã. Essas notas foram reunidas e publicadas apenas em 1670, oito anos após a morte dele, sob o título de *Pensamentos*.[1]

Em um de seus pensamentos mais notáveis, Pascal uniu a razão e a fé para demonstrar que todas as buscas do homem têm um único objetivo — a felicidade — mas que todas elas são frustradas porque não dão conta de preencher um vazio que existe na alma humana. Veja o que ele escreve e a que conclusão chega (coloquei alguns comentários entre chaves {*assim*}, para auxiliar sua leitura):

> Todos os homens procuram ser felizes: não há exceção. Por diferentes que sejam os meios que empregam, tendem todos a esse fim. [...] Esse é o motivo de todas as ações de todos os homens, até mesmo dos que vão enforcar-se. E, no entanto, depois de tão grande número de anos, nunca ninguém, sem a fé, chegou a esse ponto a que todos visam continuamente. [...] {*Ou seja, após muitos anos de tentativas, nenhum homem conseguiu ser feliz sem a ajuda da fé.*}
>
> Que nos gritam, pois, essa avidez e essa impotência, {*ou seja, o que essa incapacidade e esse desejo de ser feliz nos dizem*} senão que houve, outrora, no homem, uma verdadeira felicidade, da qual só lhe restam, agora, a marca e o traço todo vazio, que ele tenta inutilmente encher de tudo o que o rodeia, procurando das coisas ausentes o socorro que não obtém das presentes {*ou seja, esse vazio que há no ser humano mostra que algo está faltando, e ele tenta preenchê-lo com as coisas que tem à mão*}, mas que são todas incapazes disso, porque esse abismo infinito só pode ficar cheio de um objeto infinito e imutável, isto é, o próprio Deus.[2]

Outra forma de expressar a conclusão de Pascal é dizendo que "há no homem um vazio do tamanho de Deus", como escreveu o romancista russo Fiódor Dostoiévski. A exemplo do sábio de Eclesiastes, o filósofo concluiu que todas a coisas da vida só podem trazer alegria se forem desfrutadas como bênção de Deus ao homem (Eclesiastes 5:19-20).

Esse vácuo se abriu na alma do ser humano no fatídico dia em que um certo casal, passeando por um belo jardim, parou para bater papo com uma serpente e não viu problema nenhum em seguir os conselhos alimentares dela. Desde esse dia, as pessoas buscam formas de tapar a fenda que foi se abrindo no interior delas. O casal em questão, aliás, não percebeu que o problema estava em seus corações e tentou resolvê-lo do lado de fora, usando folhas de figueira como aventais (Gênesis 3:7).

Ainda que não tenham consciência desse vazio como o primeiro casal teve — afinal de contas, eles foram os únicos humanos que souberam o que é viver sem o vazio e, depois, com o vazio — todos os humanos buscam preencher esse buraco de diferentes formas. Podemos chamar

UM VAZIO DO TAMANHO DE DEUS

cada uma dessas formas de ídolo, um falso substituto de Deus. A tendência humana de criar ídolos e utilizá-los chama-se *idolatria*; ou, como eu preferi chamar nesse capítulo (para não perder a *vibe* dos "ismos"), *paganismo*.

Assim como esse vazio existe desde a queda do homem, os ídolos também estão presentes em todas as sociedades, desde o começo dos tempos. Cada cultura cria seus próprios ídolos ou usa os deuses dos povos que vivem ao redor dela.

Os romanos são um bom exemplo de uma sociedade pagã. Eles começaram sua coleção de deuses importando as divindades gregas — uma vez que a cultura romana é, em grande parte, derivada da grega. Quando os deuses gregos ganharam cidadania romana, lá pelo século 2 a.C., eles também ganharam novos nomes em latim. Foi assim que Zeus virou Júpiter, que Dionísio se tornou Baco, e que Ártemis passou a ser chamada de Diana.[3]

Mas não foi apenas de deuses gregos que o panteão romano se formou. Na verdade, cada vez que os romanos conquistavam um povo, adotavam seus principais deuses. Faziam isso porque entendiam que o território conquistado era regido pelas entidades que já existiam lá e, dessa forma, não podiam simplesmente mandá-las embora. Se fizessem isso, criam eles, correriam o risco de enfrentar grandes catástrofes.

Outro fator que os levava a adotar deuses estrangeiros era para obter uma habilidade especial que o povo conquistado possuía — se eram guerreiros poderosos, os romanos começavam a invocar o deus da guerra daquela cultura para serem fortes também; se eram férteis, com muitos filhos, adoravam a deusa da fertilidade para serem numerosos também, e assim por diante.

Apesar de toda essa "globalização religiosa" no Império Romano, a cidade de origem de cada deus preservava o culto à divindade com todo o cuidado. A cidade geralmente mantinha um templo principal, dentro do qual havia uma grande estátua do deus adorado — lembra-se, por exemplo, da cidade de Éfeso, na qual ficava o templo da deusa Diana (Atos 19:27)? Alguns homens e mulheres eram especialmente designados para o cuidado do templo e para conduzir a adoração aos deuses. Esses cultos envolviam sacrifício de animais, oferta de comida, dinheiro e flores,[4] e até — dependendo do deus — relações sexuais entre os adoradores e os sacerdotes, sacerdotisas, na maior parte dos casos.

O culto aos deuses, no entanto, não acontecia só nos templos. Os romanos também possuíam ídolos e altares em casa. Eles acreditavam que havia espíritos dos antepassados que protegiam a família, e ofereciam-lhes comidas e bebidas, e também oravam a eles a fim de obterem boa sorte e proteção.[5]

A devoção dos romanos aos seus deuses não era nada exclusiva — cada um adorava e orava ao deus que quisesse, na hora que achasse mais oportuna. Os soldados romanos, por exemplo, adoravam Mitra, o deus persa da guerra. No entanto, quando viajavam em campanha, dirigiam suas orações a Mercúrio, o deus da viagem, e se a viagem fosse pelo mar, também ofereceriam sacrifícios a Netuno, o deus do mar. Era totalmente aceitável, e até esperado, que as pessoas adorassem muitos deuses diferentes, a fim de conseguir o que desejavam.

O único deus que tinha culto obrigatório em todo território romano era o imperador. Sim! O césar era considerado também um deus e, em todos os cantos do império, havia estátuas em sua homenagem, diante das quais as pessoas deveriam se prostrar e oferecer sacrifícios.[6]

Essa cultura religiosa era completamente diferente da apresentada pela cosmovisão cristã, não só em termos de que deus deveria ser adorado, mas também pela maneira como o culto era praticado. Os nossos irmãos romanos, que moravam bem no meio dessa sopa de deuses (assim como os demais cristãos que estavam espalhados por todo o amplo território do Império Romano), enfrentaram perseguição por causa desses ídolos, principalmente por dois motivos:

1. Por não adorarem o imperador, mas outro "rei", Jesus Cristo. Quem não cultuasse o imperador era considerado rebelde, e a punição quase sempre era a morte.[7]
2. Por não aceitarem o sincretismo religioso, ou seja, adorarem Jesus e também Zeus ou qualquer outro deus. Os súditos do império não compreendiam por que os cristãos só poderiam adorar apenas um Deus.[8]

Tudo isso pode parecer muito história antiga, mas acredite quando lhe digo que a situação dos romanos em relação aos deuses é *exatamente a mesma* da cultura pós-moderna em relação aos ídolos. Podemos não ter mais Zeus nem Diana e nem a Acrópole de Atenas, mas os novos deuses pós-modernos e seus novos templos tecnológicos estão espalhados por todas as cidades, e possuem adoradores tão fiéis e devotados quanto os antigos sacerdotes pagãos. Como escreveu o autor de Eclesiastes: "O que foi tornará a ser, o que foi feito se fará novamente; não há nada novo debaixo do sol" (1:9).

ATEUS E PAGÃOS?!

Talvez neste ponto você se lembre que uma das características do pós-modernismo é o ateísmo. Aí, sua cabeça dá um nó enquanto você se pergunta: "Como pode uma sociedade ser ateia e pagã ao mesmo tempo?! Como pode não crer em Deus, mas adorar vários ídolos?" Você logo verá que isso é bem possível.

Na maioria das vezes, o ateu moderno se volta principalmente contra as maiores religiões do mundo: o cristianismo, o islamismo e o judaísmo (e todas as variantes e linhas teológicas provenientes dessas religiões). Consideram que essas crenças são tão irrelevantes e irracionais (para não dizer coisas piores) quanto os ritos das tribos primitivas, ou como o culto dos romanos aos seus deuses. Para eles, Alá, Jeová e Zeus são a mesma coisa, não importando a diferença entre cada uma dessas divindades. Isso porque, como escreveu C. S. Lewis:

> Se você é ateu, é obrigado a acreditar que o ponto de vista central de todas as religiões do mundo não passa de um gigantesco erro. Se você é cristão, está livre para pensar que todas as religiões, mesmo as mais esquisitas, possuem pelo menos um fundo de verdade. Quando eu era ateu, tentei me convencer de que a raça humana sempre estivera enganada sobre o assunto que lhe era mais caro.[9]

Do ponto de vista ateu, as religiões formais variam desde uma escolha pessoal que deve (ou pode) ser respeitada (ou tolerada) até uma total perda de tempo. O cristão, no entanto, diante das diferentes religiões, entende que há um "fundo de verdade" que as une. Entende que existe uma pergunta em cada ser humano que as diferentes crenças tentam responder. O ateísmo, partindo do pressuposto de que "todas as religiões do mundo não passam de um gigantesco erro", tem de se convencer, dia após dia, de que não há nada a ser buscado, pois não há nada de errado com a alma humana.

No entanto, por mais que os ateus e agnósticos pensem e digam isso, não é como se sentem por dentro.

Faço essa afirmação, mesmo nunca tendo sido ateu, porque tenho visto que o ateísmo verdadeiro *não existe*. Se as pessoas realmente cressem que não existe nenhum Deus, não teriam razão nenhuma para serem educadas, para terem planos para o futuro, para constituírem família e ter filhos. Como falamos no capítulo anterior, se não há Deus, não há mal, nem bem, nem moral, nem ética, nem nada.

A existência desses conceitos dentro de nós aponta para a verdade incontestável de que fomos feitos por alguém que possui esses princípios e que os transmitiu a nós. E é isso que a Bíblia mostra. Ela diz que fomos feitos à imagem de Deus (Gênesis 1:26-27) e que por isso, ansiamos pelo que é eterno (Eclesiastes 3:11), entre outras coisas.

As Escrituras também nos dizem que o ser humano, em sua criação, foi equipado com um dispositivo de reconhecer Deus: "pois o que de Deus se pode conhecer é manifesto entre eles, porque *Deus lhes manifestou*" (Romanos 1:19). Nas palavras do teólogo João Calvino, na mente do ser humano existe um senso da divindade, algo que o próprio Deus colocou dentro de cada homem, para que nenhum deles pudesse dizer: "Nossa! Nunca imaginei que pudesse haver um Deus."[10] Esse dispositivo funciona tão bem que, mais uma vez nas palavras de Lewis, a própria ciência nasceu a partir da crença de que havia um Deus: "Os homens tornaram-se científicos porque esperavam que houvesse lei na natureza. Eles esperavam que houvesse lei na natureza porque criam em um Legislador."[11]

A existência desse dispositivo não é atestada apenas pela Bíblia. Alguns intelectuais ateus percebem que ele existe (mas não me perguntem como eles continuam sendo ateus depois de confirmarem isto): "A necessidade de religião parece estar implementada na forma de dispositivo permanentemente gravado no ser humano."[12] Entende-se a necessidade que o homem tem de se religar a alguma coisa que lhe dá a felicidade e o sentido de sua vida. Este, aliás, é o sentido e a origem da palavra *religião*: religar-se a Deus.

Se somos capazes de identificar Deus pelo dispositivo que ele instalou em nós, também somos capazes de reconhecer a existência do vazio no nosso coração. Mas é possível reconhecer apenas o vazio, e ignorar Deus?

A resposta continua em Romanos 1: "[Os homens] Trocaram a verdade de Deus pela mentira, e adoraram e serviram a coisas e seres

UM VAZIO DO TAMANHO DE DEUS

criados, em lugar do Criador" (Romanos 1:25). Quando lemos esse versículo, podemos pensar em pessoas se prostrando diante de imagens de seres humanos ou de animais, como os romanos faziam. Mas o texto não diz necessariamente só isso. Como vimos antes, "coisas criadas" inclui tudo o que existe no mundo. Então, quando alguém se prostra diante da ciência ou do conhecimento, também está adorando e servindo a coisas criadas em lugar do Criador.

Por causa do pecado que há em nós, ignoramos o dispositivo de reconhecer Deus. Identificamos o vazio em nosso coração, mas em vez de adorarmos e nos submetermos ao Criador, preferimos cultuar as coisas criadas e buscar nelas a nossa felicidade. Mesmo ignorando a existência de Deus, o homem não pode ficar sem adorar nada porque ele *precisa* adorar algo. "A fé é uma prática humana universal, e se não for dirigida a Deus, será dirigida a outra coisa."[13]

Perceba que não existe meio-termo: "Como declara Romanos 1, ou adoramos e servimos ao verdadeiro Deus ou adoramos e servimos às coisas criadas (ídolos). Os seres humanos são inerentemente religiosos, criados para ter um relacionamento com Deus. Caso o rejeitem, eles não deixam de ser religiosos; apenas encontram outro princípio básico sobre o qual fundamentar a vida."[14] O vazio que Pascal detectou continua a existir, quer o homem creia em Deus, quer não. O que muda é a maneira de preencher esse vazio.

É nesse ponto que uma sociedade ateia também pode ser idólatra. Ela faz com que as coisas criadas assumam o lugar que pertence ao verdadeiro Senhor. Cada vez que faz isso, um novo ídolo nasce.

Assim, lá no fundo ninguém é ateu, porque acredita em algum deus que dá sentido para a sua vida; algo em que crê de todo o seu coração e para quem dirige todas as forças da sua existência. É por isso que os "escritores da Bíblia sempre tratam o leitor como se ele já acreditasse em Deus ou em algum deus substituto."[15] A Palavra não gasta tempo ensinando o homem o que significa ter fé em alguma coisa, a desejar a adorar alguma coisa, como se ninguém soubesse o que significa ter uma religião. O foco das Escrituras é ensinar a crer em Deus e adorá-lo da forma que ele quer, e não como as outras religiões ensinam, pois não existe nenhuma pessoa neutra no que diz respeito à religião. Ainda que ela não faça parte de uma instituição com nome e templo registrados, seu coração adora alguma coisa, e é essa coisa que, para ela, vai "religá-la" ao propósito da sua vida.

Nesse sentido, toda alternativa ao cristianismo, incluindo o próprio ateísmo, acaba sendo uma religião. Religião não tem a ver necessariamente com rituais ou cultos, mas com a identificação de algum princípio ou força como a causa de tudo.[16] É o que os ateus fazem com o ateísmo. Procurando colocar a ideia de Deus contra a parede, ele acaba criando suas próprias crenças e doutrinas que, supostamente, não podem ser desafiadas.[17] Possuem tanta fé em suas afirmações quanto os cristãos creem na Bíblia e em Deus.

QUAIS SÃO OS ÍDOLOS DO SÉCULO 21?

Como falei no início deste capítulo, toda sociedade e cultura de todas as épocas possuem os seus deuses. Portanto, ídolos não são uma invenção pós-moderna. Mas há coisas que são ídolos hoje e não eram antigamente, assim como há ídolos antigos que foram substituídos por novas versões. O "panteão" vai mudando de acordo com a cosmovisão. Se não tivermos isso bem claro, por meio da renovação da nossa mente, em breve estaremos nos prostrando diante dos falsos deuses que comandam nossa cultura atual.

Vimos, nos dois primeiros capítulos deste livro, seis "ismos" da cosmovisão pós-moderna que influenciam a maneira como as pessoas pensam sobre a vida e o mundo:

- **Relativismo**: não existe uma verdade absoluta.
- **Pluralismo**: todos os estilos de vida são igualmente válidos.
- **Sincretismo religioso**: todos os caminhos levam a Deus.
- **Dualismo**: a vida se divide entre coisas físicas e espirituais.
- **Cientificismo**: a ciência é o único meio de se descobrir a verdade.
- **Ateísmo**: Deus não existe.

Apesar de parecerem muito filosóficos, no fim das contas, esses "ismos" são verdadeiras fórmulas de criar ídolos, porque cada um deles tira Deus do centro da vida humana e deixa um enorme vazio que as pessoas tentam preencher. Cada tentativa de preencher esse espaço resulta na criação de um novo ídolo. Assim, o paganismo é consequência desses "ismos" iniciais. Ele gera outros "ismos" que veremos nos próximos capítulos do livro. Egoísmo, pragmatismo, materialismo, entre outros, são as tentativas de nossa geração de ocupar o vazio deixado pela ausência de Deus na vida do homem.

Tomemos, por exemplo, o egoísmo, que analisaremos no próximo capítulo. As pessoas não são egoístas devido ao meio em que vivem — um mundo cada vez mais competitivo — mas porque entendem que só serão felizes se o seu próprio umbigo for o centro do universo. Assim, tornando-se um ídolo, adoram a si mesmas. É dessa crença que nasce a competitividade, pois todos tentam satisfazer o ídolo da sua própria vontade. "Todo sistema de pensamento começa com algum princípio supremo": pode ser o princípio de que só serei feliz quando for rico, de que só serei amado quando for casado, de que só estarei seguro quando alcançar o posto máximo na minha empresa. "Se [o princípio] não começa com Deus, começa com uma dimensão da criação — o material, o espiritual, o biológico, ou o quer que seja."[18] Esse princípio se torna o deus que rege a vida das pessoas.

Em resumo, ídolo é qualquer coisa que seja a razão da vida de alguém, colocada no lugar de Deus. Ele é aquilo com o que a pessoa sonha acordada ou algum alvo ao qual ela dedica seus melhores esforços. É uma coisa que ela valoriza tanto que, se perdê-la (ou não conseguir alcançá-la), sua vida não terá mais graça, a ponto de considerar a morte como a única solução para o seu desespero. O ídolo luta contra o evangelho de Cristo por sua atenção, por seus olhos, ouvidos e coração.

Os deuses de hoje podem ser o sonho de ter o corpo perfeito, tão forte como Hércules ou sensual como Afrodite ou o desejo de ser um gênio, o Blaise Pascal da sua sala. Podem ser a determinação de comprar tudo o que sempre se quis e nunca saber o que é passar vontade, ou a ambição de tornar-se o comediante do século, a maior revelação do *stand-up* de todos os tempos. Um ídolo pode até ser a aspiração de atingir o maior nível de santidade e piedade possível, o sonho de estar acima de qualquer reprovação e ser exemplar. Qualquer que seja a forma que a idolatria tenha, ela afirma que aquilo que o homem sabe sobre Deus é mentira, e que, então, ele precisa procurar deuses substitutos que lhe deem a alegria e segurança de que ele precisa.

Como ídolos, essas coisas não diferem em nada dos deuses romanos. "Cada uma tem seu 'sacerdócio', seus totens e rituais. Cada uma delas tem seus templos — sejam eles torres empresariais, *spas*, academias, estúdios ou estádios — onde sacrifícios têm de ser feitos para que as bênçãos da boa vida sejam obtidas e os desastres sejam evitados."[19]

Pense em um dos deuses da cultura atual que é bastante notável para você — como o dinheiro, o corpo, o poder, o prazer. Agora, volte para as primeiras páginas deste capítulo e releia os parágrafos que descrevem o culto aos deuses no Império Romano, mas pensando no ídolo atual que você tem em mente. Analise se os rituais feitos a estátuas há milhares de anos não se encaixam perfeitamente com o jeito como nossa geração tem tratado alguns aspectos da vida cotidiana. Podemos concluir que hoje também existem os deuses do amor, da guerra, da viagem, do prazer, da sabedoria, do lar ou do tempo, como na época dos romanos e gregos antigos, só que sem as estátuas e os nomes pelos quais eram conhecidos.

Perceba que nenhuma dessas coisas é ruim em si mesma. Não tem problema em cuidar da sua saúde e aparência, em ganhar dinheiro e comprar coisas, em ser engraçado ou inteligente. O problema é quando isso se torna o principal objetivo da sua vida, o seu ídolo, em vez de glorificar a Deus. Até mesmo querer ser santo pode tornar-se um ídolo em nosso coração quando desejamos isso não para a glória de Cristo, mas para nossa própria glória.

Conforme vimos, cada uma dessas coisas que destaquei, dentre tantas outras, podem e devem ser realizadas para a glória de Deus, pois foram feitas por ele e para ele. O pecado está em realizá-las para nos dar o sentido, a alegria, a segurança que deveríamos buscar apenas no Senhor. É o que fazemos quando, por exemplo, trabalhamos para sermos ricos e confiamos no dinheiro para garantir nossa segurança em relação ao futuro; ou quando cuidamos do corpo para arranjar uma namorada e nos sentirmos amados e felizes; ou quando oramos e jejuamos para nos sentirmos santos e realmente merecedores da vida eterna. Em cada um desses casos, transferimos para outras fontes aquilo que deveríamos buscar em Deus.

IMAGEM E SEMELHANÇA

Quando a Trindade criou o homem, uma das características únicas que deu a ele foi fazê-lo "à nossa imagem, conforme a nossa semelhança" (Gênesis 1:26). Tudo o que nos distingue como seres humanos vem do fato de sermos imagem do Criador: a capacidade que temos de nos comunicar, de amar, de raciocinar; o anseio pelo eterno, pelo perfeito, por sentido na vida.

A queda do homem não mudou a realidade de ele ser imagem e semelhança de Deus, porque essa característica faz parte da estrutura do seu ser.[20] Qualquer homem, em qualquer situação, ainda é imagem de Deus, porque ele foi criado assim. É como o que acontece, por exemplo, com uma placa de vidro: ela pode ser transparente ou não, pode estar toda riscada ou até quebrada em mil pedacinhos, mas ela nunca deixa de ser vidro.

Apesar de nada mudar o fato de sermos imagem do Senhor, o pecado nos distancia espiritualmente de nosso Criador. E, em nossa ignorância, tentamos preencher o vazio com outros ídolos que, como falsos deuses, tentam fazer do homem sua própria imagem e semelhança. Da mesma forma que andar ao lado de Cristo nos torna mais parecidos com ele, andar ao lado dos ídolos nos faz ficar como eles. A Bíblia nos adverte quanto a isso (os grifos são meus):

> Os ídolos deles, de prata e ouro, são feitos por mãos humanas. [...] *Tornem-se como eles* aqueles que os fazem e todos os que neles confiam (Salmos 115:4,8).

> Eles seguiram ídolos sem valor, *tornando-se eles* próprios sem valor (Jeremias 2:5a).

Veja que, no fim das contas, o homem acaba se tornando semelhante ao ídolo que ele mesmo cria e isso o afasta cada vez mais da verdade de Deus. Não somos moldados à imagem das circunstâncias que nos rodeiam, como creem filósofos e psicólogos, mas à imagem do objeto da nossa crença. "Os marxistas afirmam que, no final das contas, o comportamento humano é moldado pelas circunstâncias econômicas; os freudianos atribuem tudo a instintos sexuais reprimidos; e os psicólogos comportamentais encaram os seres humanos pela ótica de mecanismos de estímulo-resposta. Todavia, a Bíblia ensina que o fator dominante nas escolhas que fazemos é nossa crença suprema ou compromisso religioso. Nossa vida é talhada pelo 'deus' que adoramos — quer seja o Deus da Bíblia quer seja outra deidade substituta."[21] O que move nosso coração e nossos sonhos é o Deus (ou deus) ao qual servimos.

Os ídolos vão além do nosso afastamento da presença de Deus (como se isso já não fosse trágico o bastante). Eles nos distanciam do propósito para o qual fomos criados: glorificar a Deus com nossa vida. Nós também somos "dele, por ele e para ele" e, como tudo o mais que foi criado, das pedras às vibrações sonoras, encontramos em Deus o sentido de nossa existência.

Assim, quanto mais ídolos uma pessoa serve, menos humana ela se torna. Veja, por exemplo, os cultos idólatras descritos no Antigo Testamento, que envolviam o sacrifício de crianças (2Reis 23:10) e também a prostituição de homens (1Reis 14:24) e de mulheres (Oseias 4:14). O Senhor jamais pediria ao seu povo essas práticas abomináveis. Elas destroem toda a dignidade e o valor do ser humano como sendo imagem e semelhança de Deus. Podemos ver, na prática, que as palavras do salmista e do profeta estavam corretas: aqueles que adoram os ídolos tornam-se como eles: meros pedaços de paus e pedras que não falam, não pensam e nem sentem.

No fim, o vazio na alma do homem se tornou um enorme buraco-negro, que o engole totalmente, e nenhum ídolo é capaz de preenchê-lo. Na verdade, sua presença só faz aumentar a brecha. O trecho a seguir é um triste exemplo disso. Ele foi proferido por David Foster Wallace, um romancista contemporâneo que nunca conseguiu preencher o vazio do seu coração, e acabou sendo devorado por ele, cometendo suicídio em 2008. Repare na angústia que existe em suas palavras e como ele entende corretamente a consequência de dedicar a vida a ídolos:

> Todo mundo adora alguma coisa. A única escolha que temos de fazer é o que adorar. E a razão persuasiva para, talvez, escolhermos um tipo de deus ou algo espiritual para adorarmos [...] é que praticamente qualquer outra coisa que você adore o comerá vivo. Se você adora dinheiro e bens, se são eles que dão sentido a seu viver, então você nunca terá o bastante, nunca sentirá que tem o bastante [...]. Adore seu corpo, sua beleza, seu poder de sedução, e você sempre se achará feio. E, quando o tempo e a idade começarem a aparecer, você morrerá milhões de vezes antes que lamentem de verdade sua morte [...]. Adore o poder, e acabará se achando fraco e amedrontado, e sentirá a necessidade de ter cada vez mais poder sobre os outros para anestesiar

seu próprio medo. Adore seu intelecto, enxergando-se como alguém inteligente, e acabará se sentindo estúpido, uma fraude, sempre à beira de ser descoberto.[22]

David acertou ao dizer que "todo mundo adora alguma coisa", mas ele parece nunca ter entendido que havia a possibilidade de *não adorar ídolos*. Aparentemente, ele nunca pensou que era possível adorar alguém que não o "comesse vivo", como um buraco-negro, mas que fosse maior e mais poderoso que esse vórtex, sendo capaz de anulá-lo e destruí-lo. Esse "alguém" é o Deus Criador pelo qual a alma de todos os seres humanos anseia.

Ao nos depararmos com os pagãos da atualidade, devemos ser movidos por profundo amor e compaixão por eles, como Cristo teve por nós. Sem Jesus, na verdade, seríamos idênticos a essas pessoas, procurando tapar o sol com a peneira. Devemos nos aproximar delas com amor e compartilhar o único Ser capaz de dar sentido à nossa existência, entendendo que a idolatria pode levar à mesma conclusão que David teve: de que tudo o que existe não vale a pena, e que a única forma de dar sentido à vida é acabando com ela.

REFORMANDO A MENTE

Como falei no início do capítulo, sociedades e culturas de todas as épocas possuem seus próprios deuses. Ídolos não são uma invenção pós-moderna. Mas há coisas que são ídolos hoje, e que não eram antigamente, e há ídolos antigos que foram substituídos por novas versões. O "panteão" vai mudando de acordo com a cosmovisão. Se não tivermos isso bem claro, por meio da renovação da nossa mente, em breve estaremos nos prostrando diante dos falsos deuses que comandam nossa cultura atual.

A idolatria é muito mais destrutiva do que parece à primeira vista. Somos acostumados a pensar em deuses como em Hércules, Aquiles, ou até o cinematográfico Thor, e suas narrativas épicas cheias de aventuras. Mas deuses não são apenas mitologia. Eles são reais no sentido de controlarem vidas e corações humanos e os direcionarem à destruição.

Reformar a mente é a única maneira de não cairmos nas garras dos ídolos de nossa época. Sempre que examinamos a nossa mente à luz da

Palavra, as Escrituras indicam com holofotes e trombetas qual é o nosso verdadeiro tesouro, aquilo que valorizamos acima de tudo. E depois, ela ensina que "onde estiver o seu tesouro, ali também estará o seu coração" (Lucas 12:34).

Dessa forma, as dicas a seguir só serão 100% eficazes se forem aplicadas lado a lado com o exame das Escrituras — ou, melhor dizendo, com o exame *do seu coração* perante as Escrituras. Apenas a Palavra de Deus consegue desenformar você deste mundo e lhe dar uma nova forma, segundo a mente de Cristo.

1. Reconheça os ídolos desse mundo e seja ateu quanto a eles

O primeiro passo é reconhecer que os ídolos existem e ponto final. Sem isso, nem dá para seguir adiante. Depois, perceba quais são os ídolos *trending topics* em nossa sociedade, ou em nossa geração. Estamos mais sujeitos à influência deles porque são tão comuns a ponto de parecerem invisíveis.

Creio que um bom lugar para encontrar os ídolos da nossa cultura é nos espaços comerciais da televisão, de jornais ou revistas.[23] Podemos descobrir os ídolos de um grupo específico uma vez que as propagandas são direcionadas para o segmento que está assistindo ou lendo aquela mídia — por exemplo, as propagandas nos intervalos dos jogos de futebol são mais voltadas a homens, enquanto as propagadas de revistas femininas são voltadas exclusivamente a mulheres.

Quando tiver a oportunidade, pergunte-se: O que está sendo vendido? Não falo do produto em si, mas da mensagem que o produto transmite. Comerciais de cerveja quase sempre mostram muitas mulheres, bastante bonitas e sensuais. Assim, o anunciante não está vendendo apenas cerveja, mas, principalmente a *ideia* de que aquela cerveja irá deixar o consumidor mais desinibido e, assim, lhe proporcionará momentos de prazer. Propagandas de carro geralmente mostram, além do carro, é evidente, paisagens naturais incríveis ou lugares de alto padrão. O que está sendo vendido não é só o carro, mas a *ideia* de que aquele veículo irá proporcionar ao comprador muita aventura ou uma vida mais refinada.

Os comerciais apelam para o desejo de consumo de cada um e isso é um ídolo em potencial. No caso das propagandas que comentei, encontramos três prováveis deuses: o prazer (e não a cerveja), e a aventura e o glamour (e não o carro).

UM VAZIO DO TAMANHO DE DEUS

Uma experiência interessante é assistir aos comerciais de outro país. Às vezes, você encontra propagandas bem similares (obrigado, globalização!), mas você encontra, também, comerciais que o levam a perguntar: "Quem compraria uma coisa dessas?!" Esses casos mostram que a ideia vendida está ligada a um desejo (e, provavelmente, a um ídolo) específico daquela cultura. Como você está de fora, consegue identificar claramente que ninguém precisa daquilo a ponto de colocar um comercial no ar, enquanto os membros daquela cultura acham aquilo supernormal. (Da mesma forma, os estrangeiros identificam com rapidez os ídolos da nossa cultura que temos tanta dificuldade em reconhecer.)

Uma vez identificados, temos de resistir aos ídolos. O jeito mais eficaz de fazer isso é sendo *ateu* a eles; ou seja, reconhecendo que são uma fraude, uma substituição barata do verdadeiro Deus.

Talvez soe meio esquisito essa sugestão de tornar-se ateu, mas os cristãos que viviam no Império Romano foram considerados ateus por seus contemporâneos. A partir do segundo século, uma das acusações que nossos irmãos enfrentaram foi a de serem ateus porque não acreditavam nos deuses da época. Eles rejeitavam todo o panteão de ídolos romanos para crerem em um Único e Verdadeiro Deus.[24]

Como os cristãos testemunhavam ostensivamente sua fé, seus vizinhos e colegas de trabalho não tinham dúvida de quais eram suas crenças e pontos de vista sobre a vida. Mesmo assim, consideravam esse tipo de fé cristã uma aberração, pois negava e ameaçava a existência de outros deuses — na verdade, dos falsos deuses. Assim, começaram a dizer que os cristãos eram "ateus ímpios."

Entretanto, não foram apenas os deuses pagãos que a igreja rejeitou; ela também condenou muitos comportamentos que a sociedade romana achava aceitável, mas que, de acordo com os ensinamentos e Cristo, eram abomináveis. A sociedade não gostou dessa oposição ao seu estilo de vida e nem aos seus deuses. Teve início, então, uma dura perseguição contra a igreja primitiva, acusada de ser "ateia", entre outras falsas afirmações.[25]

Flávio Justino foi um dos primeiros cristãos que fez apologia do cristianismo em face às acusações de ateísmo (lembra-se da palavra *apologética*, do capítulo 1? Ela sempre esteve na moda na igreja!). Ele apresentou seu discurso de defesa diante de ninguém menos que o próprio imperador, o césar Antonino Pio, que governou de 138 a 161. Diante dele, Flávio Justino discursou as seguintes palavras:

> Nós [cristãos] somos chamados de ateus. Confessamos que somos ateus no que concerne a esses tipos de deuses, mas não com respeito ao verdadeiro Deus, o Pai da retidão e da temperança e de outras virtudes, que é livre de toda impureza.[26]

Flavio Justino não apenas condenou os ídolos pagãos, mas também o comportamento reprovável de seus adoradores; pois, como vimos, os seguidores de ídolos tornam-se semelhantes a eles. Um dia, Flavio Justino confrontou o filósofo Crescente, o Cínico (sim, esse era o apelido do tal filósofo) por seu comportamento imoral. Irritado, Crescente denunciou Flavio Justino às autoridades, acusando-o de muitos crimes falsos. Flavio foi levado perante o prefeito de Roma, que pronunciou a sentença: "Aqueles que se recusaram a sacrificar aos deuses e a submeter-se ao comando do imperador, que sejam açoitados e levados a sofrer a punição de decapitação, de acordo com as leis." Assim, Flavio Justino foi decapitado no ano 165, e ganhou o codinome pelo qual é mais conhecido hoje: Justino Mártir.

Apesar de toda a oposição, os cristãos primitivos nunca deixaram de testemunhar sua fé em Deus, com palavras e atitudes. Isso foi um diferencial enorme na sociedade romana, pois cada vez mais pagãos resolviam se converter, apesar de saberem como os cristãos eram malvistos e maltratados na sociedade.

Vemos o amor constrangedor dos nossos primeiros irmãos em uma carta redigida por outro imperador, Flávio Cláudio Juliano, no século 4. O imperador lamenta, na carta, o progresso do cristianismo, porque essa nova religião estava afastando as pessoas dos deuses romanos. Veja a seguir o que ele escreve.

(Um parêntese. Na verdade, dois. Quando o imperador diz "ateísmo", refere-se à fé cristã que, como vimos, era considerada ateísmo porque os cristãos não acreditavam nos deuses romanos. Em segundo lugar, quando se refere a "judeus" e "galileus", o imperador tem em mente o fato de que o cristianismo surgiu primeiro entre os judeus que moravam na região da Palestina onde Jesus viveu.)

> O ateísmo tem crescido especialmente por meio do serviço amoroso que presta a desconhecidos, por meio de sua cuidadosa atenção e também ao enterrar os mortos. É um escândalo que não haja um único

UM VAZIO DO TAMANHO DE DEUS

judeu que seja mendigo, e que os galileus ateus não se preocupem apenas com os seus pobres, mas também com os nossos; enquanto aqueles dentre o nosso povo pedem em vão pela ajuda que deveríamos lhes prestar.[27]

Esses relatos dos primeiros séculos do cristianismo devem servir para nós como incentivo e modelo para negarmos os deuses desse mundo, mantendo sempre firme testemunho da nossa fé. Para nós, que vivemos no século 21, eles se encaixam na "nuvem de testemunhas", expressão mencionada pelo escritor aos Hebreus:

> Portanto, também nós, uma vez que estamos rodeados por tão grande nuvem de testemunhas, livremo-nos de tudo o que nos atrapalha e do pecado que nos envolve, e corramos com perseverança a corrida que nos é proposta, tendo os olhos fitos em Jesus, autor e consumador da nossa fé. Ele, pela alegria que lhe fora proposta, suportou a cruz, desprezando a vergonha, e assentou-se à direita do trono de Deus (Hebreus 12:1-2).

Porém, mais do que um incentivo a rejeitar e condenar a idolatria, essas histórias também nos lembram de que há um preço a ser pago por seguir, exclusivamente, a Deus.

A Bíblia nos ensina que se afastar dos ídolos significa, em grande parte, rejeitar a cultura que a produz: seus valores, suas ambições, seus sonhos. O nosso século (como todos os outros, quero deixar isso bem claro) é praticamente contrário às coisas valorizadas no Reino dos céus.

Veja, por exemplo, a lista das bem-aventuranças que Jesus enunciou no sermão do monte (Mateus 5:3-12). O que Jesus chama de virtude ali é praticamente o contrário do que a nossa sociedade valoriza:

- v.3: a pobreza (em oposição à riqueza);
- v.4: o choro (em oposição à alegria e às risadas);
- v.5: a humildade (em oposição ao prestígio e à superioridade);
- v. 6: a fome e a sede de justiça (em oposição a tirar vantagem em tudo, ainda que seja errado);
- v.7: a misericórdia (em oposição à vingança);
- v.8: a pureza (em oposição à malícia);
- v.9: a luta pela paz (em oposição à violência);
- vs.10-12: a perseguição (em oposição à liberdade).

Se buscarmos os primeiros sete itens da lista, vamos receber o último, com toda certeza. "Não existe forma de desafiar os ídolos sem fazer uma crítica cultural, e não existe forma de fazer uma crítica cultural sem discernir e desafiar os ídolos",[28] ou seja, não *seguir os ídolos* da nossa geração implica *criticar os valores* da nossa geração. Porém, não conseguiremos rejeitar os falsos deuses da atualidade e continuar sendo bem-vistos por todos os nossos amigos e vizinhos. Assim como aconteceu com nossos irmãos primitivos, acontece conosco. Quando seguimos outros exemplos das Escrituras, causamos mal-estar nas pessoas e podemos sofrer perseguições.

Sofrer por causa de Cristo, no entanto, é um privilégio, como o próprio Jesus afirma no último versículo das bem-aventuranças: "Alegrem-se e regozijem-se, porque grande é a sua recompensa nos céus, pois da mesma forma perseguiram os profetas que viveram antes de vocês."

Por meio do sofrimento, nós nos tornamos parecidos com Cristo, e não com os ídolos e nem com o século em que vivemos. E não é isso que buscamos? "Desconformação" total dos valores do mundo? Se sua resposta é "sim", então fique firme: você enfrentará oposição. Mas de modo algum se deixe abalar. Da mesma forma que a perseguição é certa, a promessa de Cristo também é: "Eu lhes disse essas coisas para que em mim vocês tenham paz. Neste mundo vocês terão aflições; contudo, tenham ânimo! Eu venci o mundo" (João 16:33).

2. Identifique seus ídolos e livre-se deles

O segundo passo é reconhecer que nosso próprio coração é uma fábrica de ídolos. Não temos apenas de identificar e rejeitar os deuses da nossa cultura, temos também de procurar ídolos ocultos em nosso coração.

Mesmo como cristãos convertidos, podemos valorizar algumas coisas ou pessoas de tal modo que elas começam a nos controlar. Nesse ponto, elas se tornam ídolos. Podem ser coisas que nos acompanham desde a infância, mas também podem ser hábitos que começamos a desenvolver faz pouco tempo.

Por exemplo: o seu celular (se você achou que seu celular ia passar em branco nesse livro, se enganou). Pesquisas de 2015 mostraram que o brasileiro passa, em média, 9 horas e 13 minutos *por dia* usando a internet — desse total, 3 horas e 46 minutos é só no celular.[29] Se você é um brasileiro médio e usa seu *smartphone* por cinco horas a cada dia, quais são as chances de ele ser tornar um ídolo na sua vida?

Temos de nos examinar o tempo todo para perceber se outras coisas ou pessoas têm ocupado o lugar que apenas Deus pode ter em nossa vida. É preciso vigiar se estamos dedicando nosso coração, nossa alma, nossas forças e nosso entendimento mais para outros fins do que para amar a Deus (Lucas 10:27).

Podemos identificar ídolos fazer isso de maneira prática. No livro *Deuses falsos*, o pastor Timothy Keller apresenta quatro formas de proceder:[30]

1. **Olhe para sua *imaginação***. "Sua religião é o que você faz de sua solidão." Em outras palavras, o verdadeiro deus de seu coração é para onde seus pensamentos vão sem esforço quando não há mais nada exigindo sua atenção. Pergunte-se: "Em que eu habitualmente penso quando quero me sentir alegre e confortável, na privacidade do meu coração?"

2. **Olhe para o seu *dinheiro***. Seu dinheiro gira com menos esforço em torno do maior amor de seu coração. De fato, a marca de um ídolo é o fato de as pessoas gastarem muito dinheiro com ele. Procure por áreas da vida nas quais você tem de tentar exercitar o autocontrole constantemente — elas podem indicar possíveis ídolos ocultos.

3. **Olhe para as suas *orações não atendidas***. É possível ficar triste ao ouvir um "Não" divino, mas logo seguir em frente. No entanto, se você ora e trabalha por algo que não alcança, e responde a isso com raiva e um profundo desespero, então talvez tenha achado seu verdadeiro deus — o Senhor dos céus é apenas um meio de você satisfazer seu verdadeiro ídolo.

4. **Olhe para suas *emoções***. Pense nas situações que causaram as impressões mais dolorosas em você, especialmente aquelas que nunca parecem desaparecer e que o levam a fazer coisas que sabe serem erradas. Pergunte-se: "Por que isso me deixou tão triste (ou irado, ou desesperado, etc.)?" Quando você se faz essa pergunta e puxa as emoções pela raiz, muitas vezes vai encontrar ídolos agarrados a elas.

Uma vez detectado o ídolo, o único remédio é substituí-lo pelo Deus verdadeiro. Se você derrubar o ídolo e deixar o espaço em branco, é muito provável que outro ídolo ocupe esse lugar rapidamente. Temos, então, de direcionar a energia e atenção que devotávamos àquele falso deus para o verdadeiro Deus e para o crescimento do seu Reino.

Pense em formas práticas de fazer isso. Se seu ídolo é um objeto, como o celular, considere deixá-lo longe de você por um tempo. Por exemplo: quando for à igreja, para o culto, não leve o celular. Sim, você provavelmente vai tremer e espumar pela boca enquanto sofre uma síndrome de abstinência, mas não há ganho sem dor.

Procure também substituir o tempo que você usa aquele objeto, dedicando-se a fazer outra coisa. Falando mais uma vez do celular, não basta substituir o acesso às redes sociais pela leitura da Bíblia no próprio celular, porque, a cada notificação, sua atenção vai ser desviada. Substitua o celular. Se a intenção for a leitura da Bíblia, pegue um bom e velho exemplar de papel e deixe o celular longe. A leitura bíblica, no entanto, não é a única alternativa: você pode ler um livro, fazer um bolo, sair para correr, arrumar seu quarto, fazer as unhas. O importante é glorificar a Deus com aquilo que você faz.

No caso de o centro do seu coração ser uma pessoa — um amigo, um namorado, um cantor famoso, seu pastor — o seu exercício será mais mental do que físico. Procure estar sempre alerta: cada vez que a pessoa vier à sua mente, dedique-se à oração por ela. *Dedique-se*. Não é para murmurar algumas palavras enquanto você continua fazendo outra coisa. Pare o que estiver fazendo e vá orar!

Enquanto ora, peça ao Senhor para lembrá-lo de quem ele é na sua vida, e qual posição as demais pessoas devem ocupar. Lembre-se das coisas eternas que Cristo lhe garantiu, e que só isso lhe satisfaz de verdade, porque elas jamais podem ser tiradas de você.

Quero lembrar que pessoas podem se tornar ídolos de duas maneiras. Em primeiro lugar, podemos idolatrá-las porque as amamos e admiramos demais. É o que acontece no relacionamento entre amigos ou pai e filhos. Muitos ficam desesperados diante da possibilidade de perder o amor de um ente querido e, por isso, não colocam limites em sua devoção por eles.

Por outro lado, as pessoas podem se tornar ídolos por meio de emoções ruins. Aquela traição que não dá para perdoar, aquela pisada na bola, aquela maldade que foi feita. Da mesma forma, as pessoas que nos trazem más recordações podem ser um "ídolo ao contrário", um fantasma que assombra nossa vida e tira a alegria dos bons momentos.

UM VAZIO DO TAMANHO DE DEUS

Seja pelo bem, seja pelo mal, todas as pessoas que ocupam nosso pensamento de uma maneira nociva e exagerada devem ser entregues a Deus em oração. Em relação às primeiras, devemos confiar no fato de que Deus cuidará delas e que, se algo lhes acontecer, o Espírito nos susterá e nos consolará. No segundo caso, precisamos ter a convicção de que toda vingança e justiça pertencem somente ao Senhor (Romanos 12:19). Em vez de bolar planos maquiavélicos para retribuir todo o mal que aquela pessoa lhe causou, dedique-se a perdoá-la e amá-la, porque o amor perdoa muitíssimos pecados (1Pedro 4:8). Sei que é difícil fazer isso, mas pense no fato de que você e eu nunca traímos e maltratamos tanto alguém como o fizemos a Cristo, que nunca nos fez nada. E vez de nos exterminar, ele nos amou e estendeu seu perdão a nós, apesar de tudo o que fizemos contra ele. Se ele pôde nos perdoar, podemos crer que o mesmo Espírito que pertence a ele está em nós é poderá nos capacitar a perdoar os que nos ofenderam.

Em todos os casos, uma ajuda externa é sempre bem-vinda. Tiago nos aconselha a confessar nossos pecados uns aos outros e orar uns pelos outros para sermos curados, pois quando oramos confessando os pecados e pedindo perdão, nossa oração certamente será ouvida (Tiago 5:16). Isso não quer dizer que você vai sair por aí abrindo sua vida para qualquer pessoa. Procure pessoas que dão provas de serem íntegras e discretas. Ainda que elas não lhe digam exatamente o que fazer, elas poderão ajudá-lo em oração e, se você lhes der abertura, poderão "inspecionar" sua vida de vez em quando, para ver como as coisas estão indo e como você está se saindo na luta contra o pecado.

O NOVO
D(EU)S

4

O NOVO
D(EU)S

DESCONFORMANDO-SE DO EGOÍSMO, NARCISISMO E HEDONISMO

Conforme vimos no capítulo passado, idolatria é permitir que qualquer pessoa ou coisa, além de Deus, seja o centro da sua vida. E como nosso coração é uma fábrica de ídolos, ele é *expert* em encontrar substitutos para o Senhor.

Existe, no entanto, um substituto garantido para assumir a braçadeira de capitão do time; ele, aliás, é tão usado que poderia até ser confundido com jogador titular. Esse famoso substituto de Deus é o EU.

Adão e Eva foram os primeiros a experimentar jogar com esse cara no ataque. Quando a serpente sugeriu que o decreto de Deus não iria se cumprir —

> Deus disse: "Não comam do fruto da árvore que está no meio do jardim, nem toquem nele; do contrário vocês morrerão." Disse a serpente à mulher: "Certamente não morrerão!" (Gênesis 3:3,4).

— dando a entender que, na verdade, Deus não queria ninguém sabendo de todas as coisas como ele —

> [Disse a serpente:] Deus sabe que, no dia em que dele comerem, seus olhos se abrirão, e vocês, como Deus, serão conhecedores do bem e do mal (v. 5).

— Eva pensou: "Dane-se essa ordem absurda. Vou fazer o que EU quiser." Não que ela tenha realmente dito isso, mas foi o que fez.

Colocou Deus no banco de reservas e o substituiu por sua própria vontade. Com isso, embolou o meio de campo até os dias de hoje.

A decisão de priorizar sempre os próprios valores, direitos e interesses, ignorando o dos outros, é chamada de *egoísmo*, uma das características da cultura pós-moderna.

Mas, espere um pouco! Se Eva agiu assim lá no comecinho da história do mundo, como o egoísmo pode ser uma marca pós-moderna? Será que Eva já era pós-moderna?!?

Não, não era. O que acontece é que "não há nada novo debaixo do sol", citando mais uma vez o sábio (Eclesiastes 1:9). A história vem se repetindo porque os personagens são os mesmos: seres humanos decaídos, carentes da graça de Deus. Apesar disso, o tipo de egoísmo que existe nos dias de hoje possui particularidades que o diferem da atitude de Eva.

Quer ver como chegamos até aqui? Aperte os cintos, pois vamos dar mais uma voltinha pela História!

DE "UM POR TODOS" A "TODOS POR UM"

De uma maneira bem simplista, pode-se dizer que, até o Iluminismo (lembra-se dele? Conversamos um pouco sobre essa época na introdução), as sociedades do mundo funcionavam no modo "um por todos."

Isso significa que o bem coletivo era o que havia de mais valioso. A vida das pessoas girava em torno do grupo ao qual pertenciam, principalmente, em torno da família e da sociedade. Todas as decisões eram feitas visando ao bem comum, à continuidade e à prosperidade do grupo. Os casamentos eram arranjados com esse propósito; negócios eram feitos com isso em mente, e até mesmo a morte de algumas pessoas acontecia como um sacrifício em prol da comunidade. Não havia espaço para escolhas individuais porque, na verdade, ninguém pensava em si mesmo como um ser particular, mas como parte de um grande corpo.

(Uma observação: hoje ainda existem locais que funcionam assim. Os estudiosos afirmam que no oriente, muitas comunidades ainda são fortemente guiadas pelo modo "um por todos.")

Com o movimento iluminista no século 18, valores como liberdade e igualdade começaram a ter grande importância. As pessoas desejavam, a todo custo, livrar-se desse estilo de vida todo programado pelas tradições e estruturas sociais, que perdiam sentido a cada dia.

Acreditava-se que quando o homem fosse liberto de todas essas amarras sociais, ele se tornaria puro e bom, como deveria ser,[1] em vez de agir como o bicho arrogante e interesseiro que havia se tornado.

Esse foi o primeiro passo em direção à valorização do indivíduo. O segundo passo foi dado um século mais tarde, no Romantismo. O homem estava liberto de todos os padrões que o prendiam antes, mas isso não supriu seu desejo de ser realmente livre. As pessoas, então, dedicaram-se a descobrir o que fazia de cada uma delas um ser único e singular em relação às outras. Foi assim que as sociedades, principalmente do ocidente, tornaram-se menos coletivas e mais individualistas, entrando no modo "todos por um", e fazendo do individualismo uma marca registrada do Modernismo.[2]

Veja que a palavra *individualista* aqui não é boa nem ruim. Não é sinônimo de *egoísta*. O individualismo surgiu como uma alternativa ao coletivismo: enquanto este considera o bem comum como mais valioso que sonhos pessoais (modo "um por todos"), aquele considera a liberdade individual mais preciosa que o bem comum (modo "todos por um").

Como observei antes, o individualismo não acabou com as sociedades coletivistas. Ele, no entanto, criou uma tensão que existe até hoje entre individual e coletivo.

Essa tensão não é abstrata, você mesmo já deve ter experimentado isso. É aquela briga que acontece quando quer sair com seus amigos no sábado, mas seus pais querem que você acompanhe a família na festa de aniversário de 80 anos da tia-avó Josefina, que você mal conhece. Seu desejo individual (sair com os amigos) entra em tensão com um compromisso coletivo (ir com a família ao aniversário da tia-avó). Nessas horas, qual é a decisão certa a se tomar? Ser coletivista ou individualista? Em breve, você terá a resposta!

DE "TODOS POR UM" A "CADA UM POR SI"

Vamos continuar nossa viagem. O Iluminismo passou, o Romantismo passou, a Modernidade passou e chegamos à Pós-modernidade. Será que as pessoas continuam individualistas no mundo pós-moderno?

Sim, continuam, mas de uma maneira diferente. Antes, no Modernismo, o objetivo das pessoas era conciliar a tensão entre suas necessidades individuais e as exigências coletivas. A preocupação, no fim das contas, era como sua individualidade ia interferir na vida da comunidade.

O homem pós-moderno, todavia, não se importa tanto (ou nem um pouco) com o coletivo. É por isso que, hoje, a palavra *individualista* tem um sentido ruim. Criou-se dentro da mente pós-moderna um botãozinho mágico chamado "Tô nem aí", que está sempre acionado. Para o mundo contemporâneo, os interesses e bem-estar do indivíduo são mais importantes que o bem coletivo. Cada um, agora, vive no seu quadrado, preocupando-se em desfrutar de sensações prazerosas, indiferente às questões da sociedade.[3] Hoje, as pessoas funcionam no modo "cada um por si."

Um dos valores que desempenhou um papel fundamental nessa mudança do individualismo moderno para o pós-moderno foi a *liberdade*. Ela foi se tornando um bem supremo, sendo valorizada cada vez mais, ao ponto de a liberdade pessoal tornar-se um direito absoluto. As pessoas *precisam* ser livres para planejar a vida, buscar seu bem-estar, satisfazer suas necessidades. "Na pós-modernidade o que se percebe é o reino soberano da liberdade individual."[4]

Ao lado da liberdade, surgiu também um grande desejo de ser diferente. Afinal de contas, nada é mais chato e opressor do que ser obrigado a agir como todo mundo ou ter as mesmas coisas que todo mundo. Para mostrar a autenticidade, é preciso se destacar, ter ou fazer aquilo que ninguém mais tem ou fez. Um bom exemplo disso é o uso, cada vez mais difundido, de tatuagens no corpo. Elas mostram, com todas as letras, cores e formas que "Eu sou diferente dos outros."[5]

Talvez você ache tudo isso muito normal: ser livre para escolher a sua profissão em vez de ser obrigado a continuar o negócio da família; poder escolher um corte de cabelo, um estilo de roupa ou simplesmente uma capinha de celular que o impede de se tornar mais um na multidão, ou seja, tem personalidade própria. Realmente, hoje, isso é bem normal. Entenda, porém, que nem sempre foi desse jeito. Há quarenta anos, as coisas não eram assim — repare que não estou falando de um século atrás! Essas são conquistas da sociedade pós-moderna.

Conforme escreveu um sociólogo norte-americano, Christopher Lasch, o que tem caracterizado esse mundo pós-modernista em que nascemos e fomos criados e ao qual nos acostumamos é o "culto ao indivíduo e à busca fanática pelo sucesso pessoal e pelo dinheiro"[6]

o NOVO D(EU)s

105

(culto? Hum, parece que já ouvimos falar disso, não?). Para ele, a preocupação exagerada das pessoas para com elas mesmas e a busca por crescimento pessoal, por uma mente mais aberta, e até mesmo por uma saúde de ferro definem nosso século como a era do narcisismo.[7]

NARCISO ACHA FEIO O QUE NÃO É ESPELHO

O que é ser narcisista?

Essa palavra veio do mito grego de Narciso. A história dele é a seguinte: após sua mãe dar à luz, ela consultou um adivinho para saber se Narciso teria vida longa. A resposta foi: "Sim, se ele não se conhecer." Não sabemos como sua mãe o manteve afastado de todo tipo de bandejas, espelhos, vitrines e iPhones da Grécia antiga, mas ela conseguiu fazer com que Narciso chegasse à adolescência sem jamais ver o próprio rosto.

Mesmo assim, sem nunca ter feito a barba e nem ajeitado a franja, Narciso se tornou um jovem muito atraente. No entanto, nunca engatou um relacionamento com ninguém porque era orgulhoso demais. Ele vivia iludindo moças e ninfas que se apaixonavam por ele, desprezando-as e destratando-as. Até que, um dia, uma amante iludida rogou uma praga contra Narciso: "Que ele ame e jamais possua o amado!"

Certa feita, Narciso estava caçando num bosque em que havia uma fonte de águas cristalinas. Cansado e com calor, o jovem foi até a nascente e, pela primeira vez na vida, viu o próprio rosto, refletido na água. Sem saber que era sua própria imagem, Narciso "deseja a si mesmo e se louva." Mas depois de muito tentar, inutilmente, tocar e abraçar a imagem refletida na água, Narciso percebeu que se tratava de seu próprio reflexo e que, dessa forma, jamais poderia possuir-se. Ele entrou em desespero, definhou de fome e sede e acabou morrendo ao lado da fonte.[8]

A história é terrível, mas a aplicação que o sociólogo Lasch faz é ainda pior. Ele entende que hoje vivemos num mundo cheio de Narcisos: pessoas que buscam a admiração dos outros porque acham que são onipotentes,[9] seres especiais que merecem ser tratados de forma diferenciada, dignos de toda a atenção e de receber de bandeja as coisas que a "gentalha" tem de ralar duro para conseguir.[10] São praticamente deuses.

Ao estudar o narcisismo no mundo atual, a psicóloga norte-americana Pat MacDonald concluiu que as características narcisistas estão em alta. "Basta observar o consumismo galopante, a autopromoção nas redes sociais, a busca da fama a qualquer preço e o uso da cirurgia para frear o envelhecimento." Para outra psicóloga, Jean Twenge, esse comportamento narcisista está tão comum que virou até uma epidemia. "Os adolescentes do século 21 se acham com o direito a quase tudo", escreveu ela, citando o exemplo de uma adolescente que participou de um reality show na MTV norte-americana. A menina bloqueou a rua em que mora para fazer sua festa de aniversário, sem nem se importar com o fato de que havia um hospital no meio do quarteirão. Sua justificativa foi: "Meu aniversário é mais importante!"[11]

Os estudos de Lasch, MacDonald e Twenge são referentes aos Estados Unidos, é claro. Mas, cá entre nós, a sociedade brasileira não é muito diferente disso, concorda? Ainda não soube de ninguém que tenha chegado ao extremo de fechar a rua sem se dar conta de que bloqueou também a entrada do hospital. Mas não faltam exemplos de pessoas que estacionam o carro em vagas preferenciais e dizem que "É rapidinho", ou que furam fila porque "Meus amigos estão aqui", ou que não cedem seu assento a uma grávida ou a um idoso no transporte coletivo porque "Eles já têm os assentos preferenciais." No fim das contas, tudo gira em torno do umbigo de cada um. O meu tempo, o meu conforto, os meus amigos e os meus direitos são mais importantes do que os dos outros, simplesmente porque são meus.

Aliás, palavras "eu", "mim" e "meu" são usadas hoje com mais frequência do que em qualquer outra época. Estão presentes nas músicas atuais mais do que antigamente[12] e são praticamente a legenda de todas as fotos postadas nas redes sociais: "Eu comendo", "Eu e minha *best friend*", "Eu na praia", "Eu sou demais".

Essa fixação em "eu, eu, eu" e o incentivo que as pessoas de todas as idades, mas principalmente, os jovens, recebem para considerar a própria vida como um espetáculo que deveria ser admirado por todo o mundo gerou uma patologia chamada "transtorno de personalidade narcisista". As pessoas afetadas por essa desordem se acham grandiosas, têm uma necessidade extrema de serem admiradas pelos outros e não possuem qualquer empatia pelo próximo. Esse tipo de transtorno ainda é raro,[13] mas estima-se que uma a cada dez pessoas na faixa dos 20 anos apresente alguns desses sintomas de maneira acentuada.[14]

o Novo D(EU)s

Podemos concluir que nem todo egoísta é um psicopata narcisista; mas o princípio dos dois é o mesmo: eu e meus interesses somos mais importantes que o resto do mundo. Como disse Caetano, "É que Narciso acha feio o que não é espelho."

HEDONISMO, MUITO PRAZER!

E por falar em espelho...

Levante a mão aí quem nunca tirou uma *selfie*! (Aposto que se você esticou o braço agora foi para tirar outra *selfie*.)

Todo mundo tira *selfie*, literalmente. Anônimo tira *selfie*, famosos tiram *selfie*, o papa tira *selfie*. Em 2013, *selfie* foi eleita a palavra do ano pelo Dicionário Oxford — naquele ano, esse termo foi usado 170 vezes a mais que no ano anterior.

A *selfie* não é uma invenção pós-moderna; a primeira foi tirada em 1839 pelo fotógrafo Robert Cornelius. E antes de a máquina fotográfica ser inventada, as pessoas capturavam o próprio rosto em autorretratos. Dizem que Fídias, um escultor grego, inaugurou essa tendência ao esculpir seu rosto em uma estátua do templo de Parthenon, em Atenas, no ano 5 a.C.

Os autorretratos só se tornaram mesmo uma febre por ocasião do Renascimento, época na qual foram inventados os famosos — tan tan tan tan — espelhos![15] Pode não parecer um invento genial, mas até aquela época as pessoas usavam "gambiarras" para conseguir ver a própria imagem, como superfícies bem polidas feitas a partir de metal ou pedra. A chegada de espelhos de grande qualidade foi, para eles, como a invenção de celulares com câmera frontal para nós.

Embora a prática de se autorretratar seja antiga, considero a *selfie* uma marca registrada da geração de hoje porque, diferentemente dos autorretratos de antigamente, as *selfies* hoje fazem parte da vida o tempo todo. E tem mais. Muitas vezes, a vida é encenada para caber numa *selfie*.

O que quero dizer com isso?

Dentro do que tratamos até agora — que o conceito de individualidade deu espaço para uma geração cada vez mais egoísta e narcisista — as pessoas buscam mostrar umas às outras, numa competição implícita, quem tem a vida mais legal. O termômetro usado para medir a "legalidade" de cada um é o número de curtidas e seguidores que a pessoa possui nas redes sociais.

Um jeito diferente e realista de explorar essa tendência e levá-la às últimas consequências foi o do produtor Charlie Brooker no episódio "Queda Livre" da série *Black Mirror*.[16] O episódio especula sobre como seria o mundo se os *likes* das redes sociais virassem moeda de troca na vida real, permitindo (ou proibindo) que as pessoas tivessem acesso a determinados imóveis, bilhetes de viagem, aluguéis de carro ou até mesmo tratamentos de saúde com base em sua popularidade virtual.

Isso pode parecer absurdo. Mas será que é mesmo? Essa competição por popularidade e aceitação nas mídias sociais tem impelido as pessoas a serem incríveis a cada momento. Suas fotos, seus vídeos e comentários nas redes sociais têm sempre de ser geniais. Sem nos dar conta, a busca alucinada por "joinhas" acaba interferindo em nosso jeito de viver. Pensamos, ainda que de forma inconsciente: "Por que gastar o tempo com uma coisa chata e sem graça, enquanto todo mundo está se divertindo e fazendo coisas fantásticas?"

Entramos nessa roda-viva do "ser *cool*" o tempo todo, e acabamos vivendo como se estivéssemos num *reality show*, com a vida sob a lente de uma câmera. E às vezes, estamos mesmo, debaixo da câmera do nosso próprio celular, tirando mais uma *selfie*. De uma forma ou de outra, nossa geração atual — não só os jovens, deixo claro — tem sido direcionada a fazer apenas coisas legais, que lhe deem prazer e que sejam "postáveis".

Esse jeito de viver a vida procurando só fazer o que dá prazer e o que traz boas sensações é chamado *hedonismo*. A palavra vem do grego *hedon*, que significa "prazer".

Hedonismo tem sentidos diferentes para os muitos estudiosos do assunto dentro da pós-modernidade. Freud, o mais famoso psicanalista de todos, diz a grosso modo que o prazer é o objetivo supremo do ser humano, e que ele o busca em tudo o que faz e em todos os seus relacionamentos.[17] Zigmunt Bauman, sociólogo polonês, entende que o homem pós-moderno gosta de acumular sensações, boas sensações: "Se o lugar está rotineiro ou sem surpresas, ele parte para outras aventuras que prometem mais excitação."[18]

Essa busca pelo prazer nem sempre é espontânea. As pessoas podem querer fazer as coisas não porque sentem prazer nelas, mas porque *todo mundo* faz e diz que é bom. Gostei do jeito que esse exemplo foi colocado no texto a seguir (os grifos são meus):

> Todos se sentem na obrigação de se divertir, de "curtir a vida adoidado" e de "trabalhar muito para ter dinheiro ou prestígio social", não importando os limites de si próprio e dos outros. As pessoas se sentem no *dever* de se vender como se fosse um *prazer,* de fazer ceia de natal em casa à meia-noite, de comemorar o gol que todo mundo está comemorando, de curtir o carnaval nos 3 ou 4 dias, de seguir uma religião, de usar celular sem motivo concreto, de gastar o dinheiro que não têm, [...] de fazer cursos e mais cursos, ascender na empresa, escrever mil e um artigos por ano na universidade, enfim, todos parecem viver na "obrigação" de se cumprir uma ordem invisível, e de ser *visivelmente* feliz e vencedor.[19]

Creio que a frase "ter a obrigação de ser visivelmente feliz e vencedor" diz tudo. "Visivelmente" porque tem de ser fotografado, registrado, postado, curtido, comentado. E postamos o que postamos para mostrar aos amigos e inimigos que somos felizes, inteligentes, engraçados, descolados, corajosos, ricos e tudo mais que couber dentro da definição de "feliz e vencedor."

Quando se junta o hedonismo e o narcisismo, temos um sujeito bomba-relógio cuja vontade não conhece limite nenhum, seja moral, seja ético, seja religioso. Tudo o que ele considera bom para si mesmo não pode ser considerado errado ou pecado. Sua vontade é o deus que dirige não só sua vida, mas — na opinião dele — todo o universo.

TRÊS-EM-UM-EM-TRÊS...

Acredito que com uma dose de sinceridade você se identificou em algumas das situações que descrevi. Eu me identifiquei. O jeito pós-moderno de viver não é só uma atitude dos *outros,* mas um comportamento que todos nós corremos o risco de adotar. Quanto mais nos movemos e respiramos a cultura ao nosso redor, maior é o risco.

A solução não é sair do mundo, como já conversamos, mas renovar a mente todos os dias. O processo de desconformar-se não termina nunca deste lado da eternidade. Ele requer que examinemos nosso coração e nossa mente, dia após dia, à luz das Escrituras. Requer também que analisemos nossa cultura perante a Palavra de Deus, para que saibamos diferenciar o que é realmente pecaminoso do que não faz mal nenhum.

Um exemplo disso é o conceito de individualismo que apresentei logo no início do capítulo. Como disse, o individualismo em si não é bom nem ruim, ele é apenas um contraponto ao coletivismo (que também não é bom nem ruim). O que faz tanto um como o outro ser um problema somos nós mesmos.

É triste dizer, mas, por causa do pecado em nosso coração, tudo em que tocarmos corrompe-se, incluindo o individualismo e o coletivismo. Assim, o ponto central não é a prioridade dos indivíduos em relação à comunidade, ou o contrário. A questão é se cada pessoa ou comunidade está vivendo neste mundo quebrado de acordo com a graça de Deus, submetidas ao Criador.[20]

Apenas com as verdades apresentadas pelo evangelho é que podemos viver o individualismo e o coletivismo de maneira santa e equilibrada. E o maior exemplo que temos nesse assunto é o da própria Trindade.

Como já lemos antes, o ser humano foi criado à imagem de Deus, conforme diz Gênesis 1:26,27. Mas existe um detalhe bem importante no Deus que criou o homem. Olhe o verbo que aparece no texto bíblico: "*Façamos* o homem à nossa imagem." Trata-se de um Deus que fala no plural consigo mesmo porque é "uma tri-unidade cuja própria natureza consiste em amor recíproco e comunicação entre as Pessoas da Trindade."[21]

Essa Trindade é o coletivo perfeito, no qual todas as relações são profundas e estão totalmente baseadas no amor. Cada Pessoa se submete à outra e todas elas possuem o mesmo valor:

- Jesus afirma que ele, o Filho, é um com o Pai (João 10:30), que conhece o Pai e é conhecido por ele (João 10:15) e que vive por causa do Pai (João 6:57).
- O Pai e o Espírito testificam acerca do Filho (João 8:18; 16:13,14).
- O Filho e o Pai enviaram o Espírito (João 14:16,26; 20:22).
- O Espírito é aquele que conhece os pensamentos e as profundezas de Deus e os comunica (1Coríntios 2:10,11).

Apesar de todo esse entrosamento cósmico, a Trindade não age sempre no modo coletivo, como no dia em que criou o homem, dizendo: "Façamos". Cada Pessoa da Trindade revela-se de maneira individual e possui características e funções únicas. Vemos isso na totalidade da obra salvadora em prol do homem. Em Efésios 1, Paulo registra de forma resumida a tarefa que cada Pessoa da Trindade desempenhou em nosso favor:

- O Pai nos escolheu para o louvor da sua glória (vs. 4-6).
- O Filho derramou seu sangue para nos perdoar e redimir (v. 7).
- O Espírito Santo nos sela e nos garante a vida eterna (v. 13).

O que podemos concluir? Que na Trindade há um equilíbrio perfeito entre individual e coletivo, conforme resume o trecho a seguir:

> Em oposição ao coletivismo radical, a Trindade indica a dignidade e singularidade das pessoas individualmente. Em oposição ao individualismo radical, a Trindade indica que as relações não são criadas por pura escolha, porém são construídas na mesma essência da natureza humana. Não somos indivíduos atomísticos, mas somos criados para relações. Por conseguinte, há harmonia entre ser indivíduo e participar nas relações sociais que Deus planejou para nossa vida.[22]

Essa é a nossa base e fórmula para vivermos desconformados na sociedade individualista brasileira. Não negamos o valor do indivíduo, porque cada um foi feito individualmente à imagem de Deus, mas também não abrimos mão do coletivo, porque fomos criados para viver em comunidade, relacionando-nos uns com os outros.

Como falei, o individualismo não é pior que o coletivismo; o problema é nosso pecado que vê no individualismo a oportunidade perfeita para agir de forma egoísta.

O egoísmo, esse sim, é pecaminoso.

Jesus resume todos os mandamentos de Deus em duas ordens: amar a Deus e ao próximo (Marcos 12:30). Sei que você sabe isso de cor, mas quero chamar a sua atenção para a medida de cada um desses amores.

O primeiro amor, direcionado a Deus, deve ser exercido de todo o seu coração, de toda a sua alma, de todo o seu entendimento e de todas as suas forças. Ele requer do ser humano um compromisso integral, que esteja acima de todas as coisas que uma pessoa possa amar: "Se alguém vem a mim e ama o seu pai, sua mãe, sua mulher, seus filhos, seus irmãos e irmãs, e até sua própria vida mais do que a mim, não pode ser meu discípulo" (Lucas 14:26). Não é à toa que é o primeiro mandamento: é mesmo o mais importante.

Já a segunda ordem possui uma medida diferente: "ame seu próximo como a si mesmo." Diferentemente do amor a Deus, que requer tudo o que somos e temos, o próximo deve ser amado exatamente com o mesmo amor que temos por nós mesmos. A lei não diz "ame ao próximo mais que a você mesmo" e nem "ame ao próximo um pouco menos do que a si mesmo", mas coloca as duas formas de amar no mesmo nível. Outro versículo que resume isso é o chamado de "lei áurea": "Como vocês querem que os outros lhes façam, façam também vocês a eles" (Lucas 6:31).

Quando fazemos algo a outra pessoa que jamais faríamos a nós mesmos, ou exigimos de alguém o que nunca exigiríamos de nós, estamos sendo egoístas e descumprindo a lei de Cristo. Mas, da mesma forma, quando eu trato a mim mesmo com pouco caso, destruindo meu corpo ou minha mente em busca do prazer momentâneo, estou me amando menos do que realmente deveria, pois sou imagem de Deus. Essa autodestruição não pode ser nem chamada de amor, e muito menos deve servir de medida para amar ao próximo.

Preciso entender como Deus me ama, para que eu saiba meu próprio valor e possa amar a mim e aos outros corretamente.

AMOR INFINITO

O ponto de partida para pensar sobre mim e os outros é o fato de que cada ser humano foi feito à imagem de Deus. Todos eles. Desse modo, hoje há no mundo 7 bilhões de imagens de Deus, não importa onde vivem, como ganham dinheiro e qual religião seguem.

Cada ser humano é valioso porque foi criado pelo próprio Deus. Não somos itens em série, feitos a partir de forminhas de silicone que ficam guardadas em algum depósito no céu. O Senhor se encarregou de formar cada pessoa individualmente, como escreveu Davi: "Tu criaste o íntimo do meu ser e me teceste no ventre de minha mãe. [...] Meus ossos não estavam escondidos de ti quando em secreto fui formado e entretecido como nas profundezas da terra. Os teus olhos viram o meu embrião" (Salmos 139:13,15,16a).

Isso é verdade para Davi, para mim, para você, para o porteiro do seu prédio, para seu colega de classe, para o presidente da Lituânia e para todas as outras 6.999.999.995 pessoas que não mencionei. Porque cada ser humano foi criado por Deus, todos carregam a imagem da Trindade em si.

É dessa criação que vem a dignidade humana. As pessoas sabem que a vida de um ser humano vale mais que a de um animal. Inclusive vale mais do que qualquer objeto ou soma de dinheiro. Ainda que nem todos valorizem a vida humana, há leis e direitos que defendem o valor do homem. O próprio senso comum diz que pensar de outra maneira é errado. (É por isso que achamos um absurdo a menina do reality show da MTV ter bloqueado o acesso ao hospital.)

Contam que, certa feita, Madre Teresa de Calcutá estava limpando as feridas de um leproso quando foi abordada por um jornalista, que lhe disse sinceramente: "Eu não faria isso [que você está fazendo] nem por um milhão de dólares." A religiosa olhou-o e respondeu: "Nem eu. Mas faço alegremente por Cristo." Ela entendia que aquele ser humano leproso diante de si, tão pobre e desprezado a ponto de não parecer muito mais que um trapo, refletia a imagem de seu Criador e, por isso, merecia o seu amor e respeito.

Em segundo lugar, o homem não só foi criado por Deus, mas também amado por ele. Se você cresceu na igreja, muito provavelmente sabe de cor que "Deus amou o mundo de tal maneira" (João 3:16). *Mundo*, aqui, tem a segunda definição das três que apresentei na introdução: "As pessoas que vivem na Terra."

Deus não amou só da boca para fora, mas agiu, dando seu único Filho ao mundo. E essa não é toda a história; esse Filho teve de se tornar homem. O Verbo, que jamais conheceu limitação de espaço e tempo, reduziu-se a um embrião e teve de esperar nove meses para sair da barriga de uma mocinha em Belém. Aquele que viu o universo ser criado do nada precisou ter as fraldas trocadas e segurou na mão da mãe e na beirada dos móveis enquanto aprendia a andar. Aquele que pendurou as estrelas e astros no firmamento sentiu sede debaixo do sol escaldante de Samaria e suou sangue à luz da lua em Jerusalém. Aquele que estendeu a mão sobre o primeiro homem e a primeira mulher para abençoá-los tornou-se maldição em nosso lugar para nos dar vida eterna.

O ser humano tem valor porque Deus o ama infinitamente.

Esses dois fatos — ser imagem do Senhor e ser amado por ele — tornam qualquer ser humano, inclusive nós mesmos, digno de respeito. A raça humana é muito preciosa aos olhos daquele que a criou, então nós devemos treinar nossos olhos para vermos as pessoas da mesma forma. Somos valiosos e especiais apenas porque somos humanos. E como ninguém pode ser mais humano que outro ser humano, não é possível que alguém seja intrinsecamente mais especial e importante que os demais.

Você pode estar pensando: "Se todo mundo é especial, então ninguém é!", Cuidado, esse pensamento é enganoso. Ele está baseado em um princípio de competição, segundo o qual o importante não é exatamente ser especial, mas ser *mais* especial do que os outros. A competição foi um dos pecados que levou Caim a matar seu próprio irmão. Quando Deus rejeitou a oferta dele, mas aceitou a de Abel, Caim ficou tão irado que seu rosto mudou (Gênesis 4:6). Cego de raiva, ele não percebeu que sua oferta havia sido rejeitada não porque Abel era o queridinho de Deus, mas porque ele, Caim, havia agido mal (v. 7) e porque suas obras eram injustas (1João 3:12).

Precisamos nos desconformar desse pensamento de que tudo é uma competição. Talvez na escola, no mercado de trabalho e, infelizmente, até dentro de algumas famílias, exista um clima de concorrência. Mas diante de Deus, não é assim. Não há um concurso para ver quem Deus ama mais, ou quem tem mais prestígio com ele por ser mais santo. Essa atitude, aliás, mostra um nível muito baixo de maturidade cristã. Nenhum ser humano jamais mereceu o amor do Pai, porque todos são pecadores.

Nossa medida para crescer em santidade jamais deve ser o irmão do lado, mas Jesus, o irmão mais velho. A igreja, na verdade, foi disposta de tal forma que todos contribuem com seus dons e talentos para a edificação e santificação uns dos outros, "até que todos alcancemos a unidade da fé e do conhecimento do Filho de Deus e cheguemos à maturidade, atingindo a medida da plenitude de Cristo" (Efésios 4:13).

Qual foi a medida de Cristo enquanto viveu na terra? Ele não buscava agradar a homens, mas unicamente satisfazer a vontade de seu Pai (João 6:38). Jesus não ficou abalado quando perdeu seus seguidores, e tampouco procurava ser popular — na verdade, as pessoas diziam que suas palavras eram duras demais! Jesus não sentia falta da aprovação das pessoas porque encontrava toda segurança de que precisava no amor de seu Pai.

É possível que todos nós sejamos igualmente especiais e, ao mesmo tempo, unicamente especiais quando nos tornamos filhos de Deus. Quando o Pai dá a uma pessoa o título de "filho" ou "filha", ele a eleva à posição mais alta que poderia sonhar. Isso é mais do que ser imagem e semelhança de Deus. Tornamo-nos tão amados pelo Pai quanto Jesus foi, e isso apesar de todo o nosso pecado. Quando cremos na obra de Cristo, sua vida e morte na terra, Deus passa uma borracha em nossos pecados, coloca em nosso histórico todas as boas obras realizadas por Jesus e olha para nós como se fôssemos tão justos quanto ele.

> Nosso verdadeiro irmão mais velho assumiu e pagou nossa dívida, na cruz, em nosso lugar.
> Lá, Jesus ficou nu de suas roupas e de sua dignidade, para que pudéssemos ser cobertos com a dignidade e a importância que não merecemos. Na cruz, Jesus foi tratado como um pária para que pudéssemos ser admitidos na família de Deus, de forma livre, por meio da graça. Lá, Jesus bebeu do cálice da justiça eterna para que pudéssemos beber do cálice da alegria do Pai. Não havia outra maneira de o Pai celestial nos trazer para dentro [da família] a não ser às custas de nosso verdadeiro irmão mais velho.[23]

Acredite que, se esse sacrifício não for suficiente para você, nada mais será. A admiração dos outros, suas curtidas e seus compartilhamentos jamais poderão dar a você (e a qualquer pessoa) a sensação de ser amado e especial que a Trindade lhe dá. Esse privilégio, porém, está reservado apenas àqueles que admitem serem pecadores, carentes da intervenção de Deus em sua vida, reconhecem a salvação em Jesus e se entregam a ele.

Você já entregou sua vida a Cristo? Se não, você pode fazer isso agora mesmo, onde estiver. Diga a ele (pode ser em voz baixa, em voz alta ou apenas em seu pensamento, ele estará ouvindo) que reconhece que sua vida não tem sentido sem ele; que você procurou alegria e satisfação em outras coisas, mas nada tapou aquele buraco-negro que existe na sua alma. Confesse que seus pecados têm afastado você da presença dele a cada dia, e que jamais conseguirá desfazer esse abismo aberto entre vocês dois — ele é grande demais. Diga a Jesus que aceita, com alegria e humildade, o sacrifício dele para reconciliá-lo com Deus e que sua obra redentora foi suficiente. Você não precisa fazer mais nada além de crer. Peça-lhe para tirar seu ego ou qualquer outro ídolo que tenha ocupado o trono de seu coração e afirme que esse lugar sempre pertenceu a ele. Convide Jesus para ocupar esse espaço e reinar em sua vida, em seu corpo e em sua mente para a glória de Deus.

Se Jesus já mora em você (ou se ele acabou de chegar) pense por um instante no que significa ele ter entregado a própria vida em troca da sua. Já foi dito que os seres humanos são especiais por terem sido criados à imagem de Deus, mas também sabemos que o pecado contaminou tudo o que somos e fazemos. Somos rebeldes, mesquinhos, egoístas, cruéis. A seguinte descrição fala da condição de quem não ama a Deus, inclusive você e eu, antes de nos entregarmos a Jesus:

> Tornaram-se cheios de toda sorte de injustiça, maldade, ganância e depravação. Estão cheios de inveja, homicídio, rivalidades, engano e malícia. São bisbilhoteiros, caluniadores, inimigos de Deus, insolentes, arrogantes e presunçosos; inventam maneiras de praticar o mal; desobedecem a seus pais; são insensatos, desleais, sem amor pela família, implacáveis. Embora conheçam o justo decreto de Deus, de que as pessoas que praticam tais coisas merecem a morte, não somente continuam a praticá-las, mas também aprovam aqueles que as praticam (Romanos 1:29-32).

Como Jesus achou que valeria a pena trocar a vida dele pela vida de pessoas como essas? Não sei o porquê, mas sei que foi isso que ele fez. Ele não morreu por nós porque viu que, lááá na frente, você ou eu seríamos gente boa e, por isso, valeria a pena o sacrifício. Não! "De fato, no devido tempo, quando ainda éramos fracos, Cristo morreu pelos ímpios. Dificilmente haverá alguém que morra por um justo, embora pelo homem bom talvez alguém tenha coragem de morrer. Mas Deus demonstra seu amor por nós: *Cristo morreu em nosso favor quando ainda éramos pecadores*" (Romanos 5:6-8).

Embora Jesus tenha morrido por muitos, a salvação se aplica de maneira individual a cada um que crê nele. Não somos salvos por atacado. Na cruz, Jesus não morreu por grupos inteiros, por famílias inteiras, mas por *indivíduos*. Morreu por "todo aquele que nele crê", um a um, nome por nome.

Da mesma forma, a Trindade se relaciona conosco em um nível individual. O Espírito não habita no coletivo, mas em cada crente, e testifica a cada um, de maneira pessoal, que ele ou ela é filho ou filha de Deus: "O próprio Espírito testemunha ao nosso espírito que somos filhos de Deus" (Romanos 8:16).

UM EXERCÍCIO DE EQUILÍBRIO

É no amor de Deus, que não nos trata como mereceríamos, que encontramos a maior força para amar ao próximo como a nós mesmos: "Amados, visto que Deus assim nos amou, nós também devemos amar-nos uns aos outros" (1João 4:11).

Sem receber primeiro o amor de Deus, não conseguiremos amar a nós e ao próximo corretamente sem correr o perigo de colocar um ou outro como ídolos em nossa vida. Se Deus não estiver no trono do meu coração, posso facilmente colocar o amor a mim mesmo como prioridade. Assim me torno egoísta, narcisista e hedonista. Faço o mundo ficar aos meus pés. Mas também existe o risco de colocar outra pessoa no trono da minha vida e tornar-me um adorador dela. A minha existência será dedicada a ela, e só serei feliz enquanto estiver ligado a essa pessoa. Isso é igualmente ruim. As duas coisas são idolatria porque ocupam um lugar que pertence somente a Deus.

Como encontramos equilíbrio, então?

Quando eu era criança, havia um brinquedo muito popular nos parquinhos, chamado gangorra, muito mais legal do que caçar Pokémon. Brincar na gangorra era divertido, mas tinha uma complicação: sair dela sem matar o amigo. Se a criança que estava embaixo resolvesse sair enquanto o coleguinha estava pendurado lá no alto (o que acontecia com frequência e, muitas vezes, de propósito), era choro na certa.

Para que ninguém se machucasse, as duas crianças tinham de ficar em pé e sair do brinquedo ao mesmo tempo, enquanto seguravam a gangorra, o que era muito difícil de fazer. (Pensando agora, quem achou que colocar crianças para brincar numa gangorra era uma boa ideia?) O jeito mais seguro de sair da gangorra era pedir a um adulto para segurar a gangorra no meio. Ela ficava estável e as crianças poderiam sair do jeito que quisessem, sem se machucar.

Deus é o adulto que equilibra nossa gangorra de relacionamentos. Quando ele está no centro do nosso coração, podemos amar a nós mesmos e aos outros sem cometer excessos nem injustiças. Podemos abrir mão, inclusive, de nosso bem-estar em favor do outro sem que isso prejudique nosso amor próprio, pois tanto ele como o amor pelo próximo estão centrados e equilibrados em nosso amor pelo Senhor.

Isso acontece porque, quando amamos a Deus em primeiro lugar, tudo o que fazemos por nós e pelos outros tem como objetivo glorificar ao Senhor. Assim, a maneira correta de responder à pergunta que fiz lá atrás — ir ao aniversário da tia-avó Josefina com a família ou sair com os amigos — tem de levar em conta não o que meus amigos ou minha família vão pensar de mim, e nem mesmo o que eu quero fazer e o que os outros querem que eu faça. O que eu devo analisar é: *Qual decisão vai trazer mais glória a Deus?* O que vai mostrar mais a ele (e consequentemente aos outros) que eu o amo mais do que a qualquer coisa?

Uma resposta honesta a essas perguntas leva, ao menos, três itens em consideração:

1. Glorificar a Deus e amá-lo passa obrigatoriamente por obedecer aos seus mandamentos (1Samuel 15:22; João 14:15). Assim, pensamos: "Algumas dessas escolhas que tenho quebra uma ordem de Deus?" Se sim, ela automaticamente deixa de ser uma opção. No caso do aniversário da tia-avó, você estaria deixando de honrar seus pais se saísse com os seus amigos?

2. Demonstramos nosso amor a Deus e o glorificamos quando nos guardamos do pecado e de situações que podem nos conduzir ao pecado (Salmos 19:14; 119:11). A diferença entre essa consideração e a primeira é que, no caso da primeira, estamos tratando de coisas que são claramente pecado, como desobedecer aos pais. Neste caso aqui, estamos tratando de situações que não são pecaminosas, mas que podem se tornar uma tentação para nós, individualmente. Por exemplo, sair com seus amigos não é, em si, um pecado. Mas, quando você está com eles, existe a possibilidade de cometer algum pecado que não cometeria de outra forma? Se sim, sua melhor escolha é evitar a tentação muito antes que ela o provoque.

3. Exaltamos a glória de Deus quando nos deleitamos nele mais do que em qualquer outra atividade (Salmos 1:2; 37:4). Questionamos: "Não fazer algumas dessas opções vai me trazer profunda tristeza e irritação, e vai me deixar mal-humorado pelo resto do dia?" Se sim, possivelmente essa coisa está sendo considerada mais importante que a presença do Senhor em sua vida. Seria melhor se afastar dela, antes que ela o domine (Gênesis 4:7).

Em resumo, siga o conselho de Agostinho: ame a Deus e, depois, faça o que quiser. Se Deus estiver no centro do seu coração, e a glória dele for o objetivo de sua vida, você encontrará equilíbrio entre individualismo e coletivismo, entre amor próprio e amor ao próximo.

HEDONISMO CRISTÃO

Quanto mais buscamos a glória de Deus, mais fácil é que encontremos prazer para nós mesmos. Esse é um dos segredos maravilhosos de servir ao Senhor.

Não precisamos escolher entre glorificar a Deus e termos prazer. Quando sintonizamos a vida para fazer exatamente aquilo para o que fomos criados, ou seja, viver (ou morrer) para a glória de Deus (Romanos 14:8), encontramos prazer e satisfação que vão além de todas as alegrias transitórias desta vida.

Isso não é papo de pastor para tentar convencê-lo a não se entregar aos seus próprios desejos. Com isso quero mostrar que a sua vontade não é exatamente o que lhe dará prazer.

John Piper, um pastor da atualidade, tem direcionado boa parte de seu ministério para mostrar às pessoas que, buscando a glória de Deus, encontramos nossa maior satisfação. Foi ele quem cunhou o termo "hedonismo cristão", mostrando que a vida cristã é sim direcionada pela busca do prazer, só que de uma forma diferente. John Piper escreveu:

> C. S. Lewis apareceu com sua maravilhosa afirmação de que nosso problema, como seres humanos, não é que nossos desejos são fortes demais, mas que são fracos demais. Eu achava que os meus desejos eram o problema. Lewis diz: "Não, seus desejos não são o problema. A fraqueza de seus desejos é o problema. Você é como uma criança divertindo-se em fazer castelos de lama num casebre porque não consegue imaginar o que seria passar as férias na praia." Em outras palavras, seu desejo pelas grandes coisas que Deus lhe oferece é pequeno demais. Seu problema não são os grandes desejos, mas seu pequeno desejo por coisas grandiosas.[24]

Deus quer que tenhamos prazer — nele! Não porque ele é um Deus narcisista, mas porque nos criou para vivermos em profunda comunhão com ele e encontrar nele as maiores delícias que podemos experimentar na vida: "na tua presença há plenitude de alegria, na tua destra, delícias perpetuamente (Salmo 16:11, ARA). Na tradução da *Nova Versão*

Internacional, lemos: "a alegria plena da tua presença, eterno prazer à tua direita".

O prazer eterno e a alegria plena que estão na presença de Deus não satisfazem apenas as pessoas mais "espiritualizadas" que não se adaptaram muito ao mundo e que não sabem aproveitar o prazer de uma festa com os amigos ou de férias num hotel de luxo. Esse prazer é a satisfação definitiva de *todos* os seres humanos.

O problema é que os homens pensam saber o que lhes satisfaz e passam a vida procurando alternativas ao prazer prometido por Deus. Porém, no fim não encontram satisfação. Não sou eu que estou dizendo! Foram os Rolling Stones quem disseram:

> *I can't get no satisfaction* [Não consigo ter satisfação]
> *I can't get no satisfaction* [Não consigo ter satisfação]
> *'Cause I try, and I try, and I try, and I try* [Porque eu tento, e tento, e tento e tento]
> *I can't get no* [Não consigo nada]
> *I can't get no* [Não consigo nada]

E também o Lulu Santos:

> *Pego o telefone*
> *Ligo a televisão*
> *Abro a geladeira*
> *Mas não tem satisfação*

Eventualmente as pessoas percebem que as experiências que perseguem não lhe trazem a satisfação que esperavam. As mentes mais perspicazes, como a de C. S. Lewis, percebem que "Se descubro em mim um desejo que nenhuma experiência deste mundo pode satisfazer, a explicação mais provável é que fui criado para um outro mundo. Se nenhum dos prazeres terrenos satisfaz esse desejo, isso não prova que o universo é uma tremenda enganação. Provavelmente, esses prazeres não existem para satisfazer esse desejo, mas só para despertá-lo e sugerir a verdadeira satisfação."[25]

Isso tem tudo a ver com aquele buraco do tamanho de Deus, sobre o qual falamos no capítulo anterior. O homem foi criado para deleitar-se em Deus, e só nele encontrará a verdadeira alegria. Fomos criados sim para o hedonismo, mas para um hedonismo centrado em Deus, no Único que pode nos satisfazer plenamente.

> O maior fim do homem, o louvor e [a glória] de Deus, é também, ao mesmo tempo, a consumação da maior alegria do homem. Isso foi libertador porque livrou [o homem] do medo de que seu maior dever não fosse sua maior alegria, e de que essa piedade trouxesse tédio. Isso [nos] libertou do medo de ofender a Deus ao perseguir os desejos de [nosso] coração e trouxe a segurança de que essa própria perseguição agradava a Deus porque encontrava seu ápice no louvor a ele.[26]

No trecho anterior, John Piper explica que se o homem for sério em buscar aquilo que o satisfaz, suas buscas o levarão a Deus. É louvando e glorificando o Criador, que a criatura encontrará sua maior alegria e o mais pleno prazer.

REFORMANDO A MENTE

Quero finalizar este capítulo com duas dicas práticas (além das que já compartilhei) que pretendem ajudá-lo a se desconformar da cultura autocentrada na qual vivemos hoje.

1. Poste com moderação

Usar redes sociais não é pecado, mas entenda que elas facilitam muito a expansão do ego de seus usuários. Usando o filtro perfeito no Instagram e o efeito certo no Snapchat, uma atividade corriqueira, como acordar ou tomar café da manhã torna-se um evento extraordinário.

Segundo o jornal *El Pais*, todos os dias são postadas 80 milhões de fotografias no Instagram, que recebem, juntas, mais de 3,5 bilhões de curtidas[27] — é como se metade dos habitantes da Terra curtissem, diariamente, uma foto. Tanto no "insta" como no Facebook, as imagens invadem, muitas vezes, a intimidade dos usuários, tornando públicos detalhes de sua vida pessoal. "A Internet está nos convertendo não só em espectadores passivos, mas em narcisistas ávidos pela notoriedade fácil, obcecados por conseguir amigos virtuais e pelo impacto de nossos posts?", pergunta o jornal.

Repare em quantas vezes por dia você posta coisas nas redes sociais, no quanto se preocupa com a curtida e os comentários dos outros. É bem difícil definir qual é o limite entre o normal e o exagero. Sugiro que você pense em quantas coisas faz apenas para postar sobre elas, ou quantas vezes você está no meio de uma experiência legal — pode ser um show, uma queima de fogos de artifício ou um culto na igreja — mas acompanha o momento somente pela tela do celular, porque está preocupado em filmar ou fotografar aquilo para compartilhar com outras pessoas depois. Se você concluir que faz isso sempre ou na maioria das vezes, então pode ser que seu uso das redes sociais tenha passado um pouco dos limites.

Não é que você vá virar um narcisista compulsivo por compartilhar sua vida o tempo todo na internet, mas é preciso ter cuidado. De acordo com uma pesquisa de longo prazo realizada pela Pontifícia Universidade Católica do Chile e divulgada na mesma reportagem do *El Pais*, as pessoas que tiraram mais fotos de si mesmas durante o primeiro ano da pesquisa mostraram um aumento de 5% no nível de narcisismo no segundo ano. Um dos pesquisadores responsáveis explicou: "As redes sociais podem modificar a personalidade. Autorretratar-se, quando se é narcisista, alimenta esse comportamento. Nas redes podemos nos mostrar como queremos que nos vejam. Essa imagem perfeita que acreditamos que os demais têm de nós pode alterar a que nós temos de nós mesmos."

Outro indicador de que você está abusando das redes é ficar ansioso por receber curtidas, ou ter medo de postar alguma coisa e não receber o retorno que você espera.

Não procure mostrar aos outros o quanto você é legal e faz coisas divertidas. *Seja* legal e *faça* coisas divertidas sem se preocupar em mostrar isso para ninguém. Aproveite o momento por conta própria! Não se preocupe em registrar trilhões de fotos e vídeos que ninguém vai ter paciência de ver depois. Grave cada segundo de boas experiências em sua memória. Fotos e *likes* não farão com que você viva isso de novo.

2. Encontre seu lugar no Corpo de Cristo

Uma ótima maneira de domar nossas tendências egoístas e equilibrar o individualismo é fazer parte de um grupo. E sendo cristãos, este grupo é o Corpo de Cristo, ou concretamente falando, uma igreja local.

É dentro da comunidade cristã que poderemos desempenhar plenamente os dons com os quais o Espírito Santo nos equipou para a

o Novo D(EU)s

expansão do Reino de Deus. É também no contexto do Corpo que você poderá entender com mais clareza o chamado de Deus para sua vida.

Foi o apóstolo Paulo quem primeiro descreveu o relacionamento dos salvos em Cristo como um organismo; e ele o faz exatamente na sequência do texto-chave deste livro:

> Pois pela graça que me foi dada digo a todos vocês: ninguém tenha de si mesmo um conceito mais elevado do que deve ter; mas, pelo contrário, tenha um conceito equilibrado, de acordo com a medida da fé que Deus lhe concedeu. Assim como cada um de nós tem um corpo com muitos membros e esses membros não exercem todos a mesma função, assim também em Cristo nós, que somos muitos, formamos um corpo, e cada membro está ligado a todos os outros. (Romanos 12:3-5)

Se você puder, olhe-se no espelho agora e pense: "Qual parte do meu corpo eu poderia tranquilamente tirar?" Não estou falando de cortar o cabelo ou as unhas, mas de ter de optar entre ficar sem um dedo ou uma orelha, sem um cotovelo ou um joelho. De qual parte você facilmente abriria mão? Creio que de nenhuma, a menos que isso fosse necessário para que o resto do corpo pudesse continuar vivo.

Da mesma forma, Paulo olha para a igreja como um corpo porque entende que nenhuma parte é mais ou menos importante que a outra. Por isso, ordena que "ninguém tenha de si mesmo um conceito mais elevado do que deve ter." Nenhum de nós pode crescer na fé sem outros cristãos. Somos limitados no que podemos alcançar e compreender de Deus, o que nos torna dependentes uns dos outros, de uma maneira bela e nada doentia.

É por isso que, ao tentar discernir a vontade de Deus para a sua vida (da qual Paulo fala no versículo 2 deste capítulo), você ficará confuso se focar apenas em si mesmo. Da mesma forma que uma boca ou um calcanhar separado do resto do corpo parece estranho e sinistro, o cristão fica sem sentido se não estiver ligado ao resto do Corpo. O organismo todo é necessário para que se compreenda a função de um único membro. É preciso que todos os membros estejam ajustados e trabalhando em conjunto para que o corpo inteiro funcione.[28]

Infelizmente, muitas pessoas olham para a igreja local de um ponto de vista narcisista e egoísta, procurando ver como a comunidade pode atender às suas necessidades e agradá-las. Encaram a comunhão e o culto comunitário como um *buffet* de restaurante *self-service*, avaliando as coisas de acordo com o seu gosto: "O louvor foi bom, a pregação foi meio fraca, as orações foram muito longas..."

Resista à tentação de viver o cristianismo de maneira narcisista. Não se afaste da comunhão das pessoas porque pensa que não vai lucrar nada ou porque pode sair no prejuízo ao se envolver com determinadas pessoas. Também não evite a igreja porque ficou "dodói" com o jeito como Fulano ou Sicrano o tratou na semana passada. Não caia na mentira, que tem enganado a muitos, de que é possível ser cristão sozinho em casa. Ser cristão exige as duas atitudes: o estar sozinho em seu quarto, com a porta fechada, tendo um tempo entre você e Deus, como aconselhou Jesus no Sermão da montanha (Mateus 6:6), mas também fazer parte ativamente de uma comunidade cristã (Hebreus 10:25).

Podemos experimentar o perfeito equilíbrio que há na Trindade entre individual e coletivo dentro do Corpo de Cristo. Nele somos membros exclusivos que desempenham uma função única para o bem de todo o Corpo, mas que não podem sobreviver sem que os demais membros exerçam sua função para o nosso próprio bem.

TENHO, LOGO EXISTO

5

TENHO, LOGO EXISTO

DESCONFORMANDO-SE DO CONSUMISMO

No finalzinho da década de 1980, a banda brasileira de rock *Titãs* lançou o álbum *Jesus não tem dentes no país dos banguelas* — muito provocador — você pode imaginar, a julgar pelo título. Uma das músicas que compõem o disco chama-se "Comida" cuja letra diz o seguinte:

Bebida é água!
Comida é pasto!
Você tem sede de quê?
Você tem fome de quê?

A gente não quer só comida
A gente quer comida, diversão e arte
A gente não quer só comida
A gente quer saída para qualquer parte

A gente não quer só comida
A gente quer bebida, diversão, balé
A gente não quer só comida
A gente quer a vida como a vida quer

A gente não quer só comer
A gente quer comer e quer fazer amor
A gente não quer só comer
A gente quer prazer pra aliviar a dor

A gente não quer só dinheiro
A gente quer dinheiro e felicidade
A gente não quer só dinheiro
A gente quer inteiro e não pela metade

É uma letra interessante, embora não fique claro logo de cara o que ela quer dizer. Os Titãs explicaram a proposta de "Comida" em uma entrevista realizada no programa do Jô Soares em 1988, um ano depois do lançamento de *Jesus não tem dentes no país dos banguelas*. Após a banda deixar claro que tanto a letra de "Comida" como o título do álbum estavam bastante abertos a diferentes interpretações (ou seja, as pessoas poderiam concluir e expressar o que quisessem, a partir do título do álbum e da letra da canção), explicaram o que tinham em mente quando compuseram "Comida":

> ["Comida"] quer clamar não só pelo que é básico. Hoje você tem que clamar só pelo que é básico — "Vamos comer" — e tem muito mais coisa que a gente poderia estar pedindo que não só o básico. Acho que essa música diz um pouco disso. "A gente tem que pedir só isso?" Tem que pedir muito mais do que isso. [...] A fome de cultura, de inteligência é também tão fundamental quanto a de comida.[1]

A ideia, em outras palavras, é a de que as pessoas não poderiam ficar satisfeitas apenas por ter comida na mesa. Elas deveriam pedir por mais que isso: "cultura e inteligência", como disse a banda na entrevista, e também felicidade, diversão, prazer, como diz a letra da música. Estar de barriga cheia não é tudo o que interessa (ou que deveria interessar) ao ser humano. Ele tem outras "fomes" e outras "sedes" que também precisam ser satisfeitas.

Acho "Comida" e a questão implícita que ela apresenta bem relevantes e atuais. De fato, as pessoas buscam fartar-se de outras coisas além de comida; estão em busca de felicidade e satisfação. Além disso, eu diria que o apetite por diversão, prazer e felicidade aumentou muito desde 1987, tornando-se mais voraz do que a própria fome por comida. Vejo isso no "ismo" central deste capítulo: o *consumismo*.

Geralmente entende-se que consumismo seja gastar dinheiro com coisas fúteis. Porém, eu diria que vai além disso. Usando a letra de

TENHO, LOGO EXISTO

"Comida", diria que consumismo está mais ligado à fome que temos de felicidade e prazer, e à maneira como tentamos saciá-la.

NECESSIDADES VERSUS DESEJO

Tenho usado esta estrutura muitas vezes ao longo do livro: uma coisa *versus* outra coisa. Vou colocar a culpa no relativismo. Como estamos num contexto em que nada está realmente definido, mas pode ser qualquer coisa dependendo do ponto de vista, nossa cabeça se confunde com os conceitos. Assim, acabamos misturando as palavras e usando os termos errados nos lugares errados.

Isso acontece com as palavras *consumo* e *consumismo*. Elas NÃO têm o mesmo significado, apesar de serem bem parecidas. Vamos falar primeiro sobre consumo e depois chegaremos ao significado de consumismo.

Consumo é uma atividade que faz parte da vida humana desde o princípio dos tempos. Pessoas consomem. Adão foi o primeiro consumidor da história, comendo frutas de diversas árvores. Depois do pecado, usou folhas de figueira para fazer roupas para si e para Eva.

Colocando de modo simplificado, o consumo visa atender às necessidades básicas do ser humano, tais como alimentação, saúde, moradia, locomoção, lazer e educação, entre outras. É tudo aquilo que a Declaração de Direitos Humanos defende como o mínimo de que você, como pessoa, carece para viver com qualidade.

Necessidades são carências dos seres humanos de qualquer lugar do mundo, em qualquer época da história. São demandas funcionais, sem as quais fica difícil viver ou cuja falta reduz a existência de uma pessoa à condição de sobrevivência. Em outras palavras: tanto em Belo Horizonte como em Pequim, tanto no século 21 como no terceiro século, os seres humanos têm as mesmas necessidades, como comer, dormir e viver em família. Se tiverem pouco acesso a essas coisas ou se forem totalmente privados delas, sua vida se tornará miserável, e poderemos dizer que não estão vivendo como pessoas, mas *sobrevivendo* como animais.

Assim, de forma geral, necessidades precisam ser atendidas para haver vida com qualidade. Quando uma pessoa é satisfeita em todas as suas necessidades básicas — incluindo as que não são materiais, como afeto, atenção e relacionamento com Deus (esta última não está na Declaração da ONU de Direitos Humanos, mas sabemos que é uma necessidade primária!) — ela alcança aquilo que chamamos de *felicidade*. Estar feliz é, em resumo, estar satisfeito e ter as necessidades atendidas. É experimentar aquela sensação boa de tomar um copo de água gelada quando se está com muita sede.

✓ GRAVE AÍ: consumo está ligado à satisfação das necessidades. O que seria, então, consumismo?

Como o próprio nome indica, *consumismo* é um consumo exagerado; caracterizado em primeiro lugar pela compra excessiva de coisas, e não exatamente pela utilização delas. Por exemplo: temos a necessidade de nos locomover, então, compramos um carro. Essa é uma atividade de consumo dentro do normal. Mas uma mente consumista compra três carros em vez de um só, embora não precise dos três, não consiga usar os três ao mesmo tempo e nem tenha espaço para guardá-los ou dinheiro para mantê-los.

No entanto, o consumismo não se resume apenas a comprar coisas das quais não preciso com o dinheiro que não tenho. Ele, em muitos casos, nasce de uma confusão que fazemos entre nossas necessidades e nossos *desejos*.

Desejo não é primariamente aquilo de que preciso, mas aquilo que *quero*. Diferentemente das necessidades, que são as mesmas em todos os lugares e épocas do mundo, os desejos são muito mais instáveis. O que eu quero como adulto brasileiro do século 21 não é a mesma coisa que uma senhora albanesa do século 17 queria. Veja que tanto eu quanto ela *necessitamos* das mesmas coisas (comida, moradia e locomoção), mas nossos desejos em relação a essas necessidades são diferentes. Nem eu desejo a mesma coisa todo dia; meus desejos mudam à medida que são realizados ou quando eu mudo de ideia.

O consumismo está enraizado nos desejos. Assim, podemos concluir que, em grande parte, o consumo praticado na pós-modernidade não serve mais para atender às necessidades, e sim aos desejos.[2]

A confusão entre necessidades e desejos acontece por vários motivos. De um lado, somos estimulados a encarar nossos desejos como necessidades; ou seja, considerar o desejo de comprar uma terceira calça jeans se torna tão urgente como comprar carne para o almoço.

TENHO, LOGO EXISTO

O marketing e as propagandas são os maiores responsáveis por essa situação. Não digo isso por mim mesmo, mas o próprio marketing se define como a ciência de influenciar as pessoas a *desejarem* algo que responda a uma necessidade do ser humano.[3] Temos necessidade de nos vestir, mas não necessariamente de usar roupas de marca. Temos necessidade de nos alimentar, mas não apenas com refeições *gourmet*. Temos necessidade de nos comunicar com amigos e familiares, mas não obrigatoriamente com iPhones. A propaganda e o marketing mal-intencionados colocam roupas de marca, refeições *gourmet* e iPhones no mesmo nível de vestir-se, comer e comunicar-se, como se fossem igualmente *necessários*, embora não sejam. Podemos nos alimentar com pratos não sofisticados, nos vestir com roupas que não são de grife e nos comunicar sem um celular caro.

Devemos reconhecer, entretanto, que a culpa não é toda dos marqueteiros. Nós nos deixamos influenciar. Fomos nós que mordemos a isca e acreditamos que não basta se vestir, tem de ser com a marca tal — e geralmente porque o Fulano, que é um cara muito descolado em quem eu me inspiro, se veste com a mesma marca.

De fato, estamos em uma sociedade que mal consegue diferenciar suas necessidades básicas de seus desejos. Quem deixou isso bem claro para mim foi uma análise em relação a uma pesquisa feita em 2012 no Brasil, a qual perguntava: "Para você, o que é felicidade?"[4]

No meu ponto de vista, as respostas não foram tão surpreendentes. Elas revelaram o que vemos em quase todas as propagandas que passam na televisão sobre bancos: o brasileiro associa felicidade muito mais ao bem-estar físico e emocional e à convivência social do que a aspectos financeiros e posse de bens. É a felicidade das pequenas coisas, que está na moda. Se eu fosse colocar os resultados dessa pesquisa numa apresentação de PowerPoint, provavelmente escolheria muitas imagens de gente sorrindo, com saúde para dar e vender, cercada por amigos num lugar bem agradável, comendo produtos orgânicos e cantando. É o retrato da felicidade.

Por ser interessante, foi uma análise dessa pesquisa que atraiu a minha atenção. A análise foi feita por uma colunista da própria entidade pesquisadora, alguns meses depois da divulgação dos resultados. A autora do texto notou uma contradição entre as respostas dadas à pergunta "Para você, o que é felicidade?" e o que ela via como atitudes concretas da população brasileira:

Quando convidados a priorizar seus desejos, os entrevistados sinalizaram preferência por aqueles que indicam uma vida mais sustentável, em detrimento dos desejos consumistas. Passar mais tempo com as pessoas, ter uma alimentação saudável, usar racionalmente a água e ter uma boa mobilidade urbana estão entre os desejos que se sobrepõem aos desejos de consumir. Se olharmos ao redor, no entanto, veremos o chão repleto de embalagens de alimentos industrializados, escolas vendendo coisas e não só comida nas suas cantinas, água sendo utilizada de forma pouco racional, congestionamentos gigantescos e as pessoas tendo cada vez menos tempo para estarem juntas.[5]

A autora notou que aquilo em que as pessoas gastavam seu tempo e seu dinheiro não tinha nada a ver com as coisas que, segundo a pesquisa, as fariam felizes. Elas queriam ser saudáveis, mas gastavam o dinheiro em comida industrializada; queriam ter tempo com a família, mas gastavam horas em congestionamentos. O que isso indica? "Estamos sendo enganados", escreve a colunista. "Continuamos querendo a velha e boa felicidade das coisas simples da vida, mas estamos sendo levados — com o nosso consentimento, diga-se de passagem — a buscar essa felicidade onde ela não pode ser encontrada".[6]

Somos bombardeados por comerciais, novas invenções tecnológicas e um estilo de vida frenético, e olhamos com nostalgia para as coisas simples da vida, como comer comida de verdade e estar fisicamente perto das pessoas queridas, achando que são um sonho distante, quando elas, na verdade, são a realização de nossas necessidades mais básicas. Porém, em vez de investir tempo e recursos para satisfazer essas necessidades, preferimos investi-los em desejos instáveis que surgem a cada momento na nossa vida. Por que fazemos isso? Milênios antes, o profeta Isaías perguntava quase a mesma coisa: "Por que gastar dinheiro naquilo que não é pão e o seu trabalho árduo naquilo que não satisfaz?" (Isaías 55:2).

EM BUSCA DE MAIS INSATISFAÇÃO

Creio que esta é uma das maiores armadilhas do consumismo. Investimos nosso dinheiro, tempo e trabalho em satisfazer desejos, e não necessidades, com a ilusão de que isso nos fará felizes. Porém, na verdade, engajar-se nisso pode ter efeitos colaterais e gerar ansiedade, cobiça e até mesmo insatisfação.

Insatisfação? Como é que satisfazer desejos pode gerar insatisfação? É simples: um desejo satisfeito apenas abre espaço para um novo desejo nascer (e ficar nos perturbando até ser realizado).

Enquanto as necessidades humanas não variam muito — comida, bebida, afeto, moradia etc.; hoje, amanhã e sempre — os desejos são criados, e novos desejos nascem a cada dia. Podem ser estimulados pelas tendências de mercado, pelo círculo social ao qual pertencemos, inclusive por nossa própria mente acostumada a consumir.

Tudo acontece de um modo bem sutil e, às vezes, não nos damos conta de que estamos sendo tão influenciados e incentivados pelo consumismo. Imagine que uma empresa "bambambã" lança um novo calçado, e a propaganda desse sapato aparece em sua página do Facebook, nos links patrocinados do Google e nos anúncios de outras páginas em que você navega na web (qualquer semelhança com a vida real *não* é mera coincidência). O tal sapato também está em comerciais de TV e em *outdoors* nas ruas. Cada propaganda realça qualidades diferentes dele, que levam você a pensar: "Não seria ótimo se eu tivesse esse sapato?" Uma visita ao shopping e o comentário de duas ou três pessoas a favor do calçado levam a crer que *todo mundo* está usando aquela novidade, menos você. Resultado: você fica *insatisfeito* por não ter aquilo.

Aí chega o dia em que você consegue comprar o tal sapato. Que vitória! Quando o coloca no pé e sai para dar uma volta, sente-se o cara mais legal, descolado, poderoso.

Mas quanto tempo dura essa sensação de vitória e bem-estar? Com certeza, vai embora muito antes de cair a última parcela da compra. Dura até o dia em que outra empresa "bambambã" lança outro produto que leva você a desejá-lo com a mesma intensidade. Não precisa ser outro calçado, e nem mesmo uma versão mais moderna do mesmo sapato, mas qualquer outro lançamento ou qualquer outra moda que torne "ultrapassado" tudo o que você tem. Assim, nasce um novo desejo. Aí começa tudo de novo.

Isso se torna um vício. "Como usuários de droga, sabemos que o consumo não trará felicidade, apenas prazer momentâneo que satisfaz um desejo atendido; mesmo assim continuamos nos entorpecendo."[7] Se somos treinados a consumir e buscar felicidade com base na satisfação de nossos desejos, vamos ansiar pela próxima dose de bem-estar que vem com a nova aquisição. Pode-se dizer que a sociedade de consumo não valoriza exatamente o indivíduo, como parece, mas enfatiza o que falta a eles, como forma de fomentar o consumo.[8]

Vamos consumindo cada vez mais, com maior rapidez. No veloz mundo pós-moderno, as novidades duram pouco tempo, porque logo já há outro lançamento mais bombástico e melhor.

Mais uma vez, a culpa não é dos marqueteiros e das grandes empresas atrás de nosso rico dinheirinho. A própria sociedade exige novidades. Você, por exemplo, deve ter algum *player* de músicas com uma biblioteca de 1.893.923 canções, que podem tocar por 8 anos sem repetir uma única vez. Mas o que você se vê dizendo um dia desses? "Não tem nada para eu escutar." O mesmo vale para as roupas que tem no armário, para os filmes que tem nos serviços de *streaming* e assim por diante. Tudo se torna velho de um dia para o outro.

A falta de algo novo para consumir nos deixa entediados. Pessoas têm investido em viagens futurísticas para Marte porque, dentre outras coisas, acreditam que não tem mais nada de diferente para ver no planeta Terra. Já consumiram todos os pacotes turísticos disponíveis.

É assim que consumir nos deixa insatisfeitos, ansiosos e nos faz cobiçar. "Estar satisfeito, para a nossa sociedade consumista, é apavorante, pois a satisfação se refere à estagnação, ao fim do ato de consumir, coisa que a sociedade teme e abre mão dele."[9]

SOMOS TODOS MARQUETEIROS

Se você reparou no exemplo que dei do calçado, deve ter percebido que consumir também é uma maneira de ter status. Ter e ostentar coisas novas dá às pessoas "uma aura de sucesso", o que as impulsiona a recorrer ao consumo "como uma forma de felicidade, de prêmio ganho, mesmo sendo ilusório."[10]

Você já deve ter ouvido algumas vezes que adquirir um objeto ou um serviço novo não é uma compra, mas um *investimento*. Esta palavra virou o termo mágico que nos livra de todo o peso de estar fazendo uma burrada financeira, dando a entender que estamos fazendo uma sábia aplicação de nosso dinheiro que nos trará recompensas futuras.

Na verdade, consumir hoje virou sinônimo de investir em si próprio. É uma maneira de se colocar no grupo de referência, no grupo de sucesso, formado pelos felizardos que possuem esse ou aquele produto e consomem essa ou aquela marca.[11] É incrível como o consumismo foi capaz de redefinir o que significa ser bem-sucedido e popular com base no que as pessoas possuem. É o aliado perfeito para o narcisista, pois ele precisa se diferenciar e estar acima dos demais.

Uma das maneiras de se sentir superior é não ser obsoleto. Na era pós-moderna, ser obsoleto é quase a mesma coisa que estar morto. Falo tanto de equipamentos eletrônicos como de eletrodomésticos, roupas, carros, etc. Não somos obsoletos apenas porque não temos a tecnologia X que se conecta com os serviços e equipamentos Y e Z. Tornamo-nos obsoletos por colocar (ou não colocar) a camisa para dentro da calça, por não ouvir tal banda, por nunca ter provado tal comida. E hoje, mais do que nunca, viver de acordo com as últimas tendências é estar na moda (ainda que a moda seja usar roupas da década de 1920).

A sombria ironia do consumismo é que somos nós que acabamos sendo consumidos.[12] Na busca desenfreada — e sempre muito bem estimulada pela mídia, pela moda, pelos grupos sociais — por sempre estarmos à frente do tempo, de sermos notados, seguidos, valorizados e até cultuados, acabamos fazendo de nós mesmos mercadorias para outras pessoas consumirem.[13] Viramos nossos próprios marqueteiros, investindo em nossa imagem como se fosse um produto a ser disposto numa vitrine. Buscamos receber, com nossas qualidades, a atenção e a felicidade que tanto procuramos.[14]

SUPRIDOS POR DEUS

Conforme conversamos no capítulo 2, a Bíblia não trata apenas de coisas espirituais, mas aborda o ser humano de maneira integral. Ela não ignora que o homem tem necessidade de comida e bebida — essas coisas, aliás, são tão nobres que servem de medida para a bondade do Senhor. Por exemplo, Davi diz que a alegria que Deus colocou em seu coração é "maior do que a daqueles que têm fartura de trigo e de vinho" (Salmos 4:7). Não era nada "profano" ou "secular" falar de comida, bebida, sexo e sono na Bíblia.

O próprio Deus sabe que temos necessidades que precisam ser satisfeitas para que vivamos, e ele mesmo nos concede aquilo de que *necessitamos*:

> O Senhor Deus fez roupas de pele e com elas vestiu Adão e sua mulher (Gênesis 3:21. Adão e Eva, ao perceberem que estavam nus, fizeram

aventais com folhas de figueira. Deus entendeu que aquelas roupas não eram adequadas e lhes fez roupas de peles).

Quando os israelitas viram aquilo, começaram a perguntar uns aos outros: "Que é isso? ", pois não sabiam do que se tratava. Disse-lhes Moisés: "Este é o pão que o Senhor lhes deu para comer. (Êxodo 16:15. O povo havia reclamado de fome, enquanto andavam pelo deserto, e o Senhor lhes proveu com codornizes e maná).

Quando o Senhor, o seu Deus, tiver aumentado o seu território conforme lhes prometeu, e vocês desejarem comer carne e disserem: "Gostaríamos de um pouco de carne", poderão comer o quanto quiserem (Deuteronômio 12:20. Moisés estava instruindo o povo quanto aos sacrifícios dedicados a Deus, e deixou claro que os israelitas poderiam comer carne sempre que desejassem).

E o texto mais clássico de todos:

Portanto, não se preocupem, dizendo: "Que vamos comer?" ou "que vamos beber?" ou "que vamos vestir?" Pois os pagãos é que correm atrás dessas coisas; mas o Pai celestial sabe que vocês precisam delas (Mateus 6:31-32).

No entanto, o Senhor não apenas supre aquilo de que necessitamos, mas espera que nós, como seus seguidores, façamos o mesmo:

Então o Rei dirá aos que estiverem à sua direita: "Venham, benditos de meu Pai! Recebam como herança o Reino que lhes foi preparado desde a criação do mundo. Pois eu tive fome, e vocês me deram de comer; tive sede, e vocês me deram de beber; fui estrangeiro, e vocês me acolheram; necessitei de roupas, e vocês me vestiram; estive enfermo, e vocês cuidaram de mim; estive preso, e vocês me visitaram. [...] Digo-lhes a verdade: o que vocês fizeram a algum dos meus menores irmãos, a mim o fizeram" (Mateus 25:34-36,40).

Não havia pessoas necessitadas entre eles, pois os que possuíam terras ou casas as vendiam, traziam o dinheiro da venda e o colocavam aos pés dos apóstolos, que o distribuíam segundo a necessidade de cada um (Atos 4:34-35).

Se um irmão ou irmã estiver necessitando de roupas e do alimento de cada dia e um de vocês lhe disser: "Vá em paz, aqueça-se e alimente-se até satisfazer-se", sem porém lhe dar nada, de que adianta isso? (Tiago 2:15-16).

Deus não precisa ser informado de nossas necessidades, pois foi ele mesmo quem as colocou em nós quando nos criou. É fascinante pensar que essas necessidades são tão humanas que o próprio Deus Filho as teve quando se encarnou. Ele sentiu fome (Mateus 4:2); sede (João 4:7; João 19:28); cansaço (João 4:6); sono (Mateus 8:24); e desejo de estar na companhia de amigos (Mateus 26:38; Lucas 22:15).

O contexto de Mateus 6:31-32, que mencionei anteriormente, é de grande importância para entender como devemos nos comportar diante das nossas necessidades básicas. Esse trecho faz parte do Sermão do Monte, uma "palestra" que Jesus proferiu do alto de um monte para as multidões que se reuniam ao redor dele. Esse sermão está registrado em Mateus 5 a 7 (e resumido em Lucas 6:17-49).

A partir de Mateus 6:19, Jesus começa a falar sobre tesouros terrenos — ou seja, dinheiro. Aliás, Jesus falava *muito* sobre dinheiro. Das 38 parábolas que contou, 16 eram sobre como lidar com dinheiro (ou seja, 42%). Nos evangelhos, um a cada dez versos trata diretamente da questão do dinheiro (são 288 versos no total.)[15] Jesus aborda esse assunto com tanta recorrência porque sabe que essa área pode nos escravizar facilmente. O problema é que não percebemos isso.

Em Lucas 12:15, Jesus diz: "Cuidado! Fiquem de sobreaviso contra todo tipo de ganância; a vida de um homem não consiste na quantidade dos seus bens." É um alerta notável. Ele não diz, por exemplo: "Cuidado com todo tipo de adultério!" Ele não precisa dizer isso. Quando uma pessoa se deita com alguém que não é seu esposo, ela não se levanta depois e pensa: "Hum, não sou casado com essa mulher aqui. Será que o que fizemos foi adultério?" Embora seja claro que o mundo está repleto de ganância e materialismo, quase ninguém pensa ser escravo disso. Esses pecados são negados.[16]

É por isso que o Mestre exorta seus seguidores de ontem e de hoje a não dedicarem sua vida no acúmulo de riquezas e bens. Ele dá dois motivos: são coisas passageiras e perecíveis (Mateus 6:19) e também podem sequestrar o coração do homem, afastando-o de Deus (v. 21 e 24).

O versículo de Mateus 6:24 é a chave para ler todo o trecho que vai do 25 ao 34. Está escrito: "Ninguém pode servir a dois senhores; pois odiará um e amará o outro; ou se dedicará a um e desprezará o outro. Vocês não podem servir a Deus e ao Dinheiro."

O Dinheiro, assim, com D maiúsculo, é apresentado por Jesus como um deus alternativo, como um dos ídolos que mencionamos no capítulo 3. Trata-se de um ídolo muito poderoso, pois ele não apenas dá uma sensação de felicidade e segurança: ele realmente compra segurança e bem-estar. A própria Palavra afirma que os ricos acumulam sua riqueza ao redor de si como se fosse uma cidade fortificada, dando-lhes segurança (Provérbios 18:11).

De qualquer forma, o Dinheiro é um ídolo muito poderoso. Quando pensamos em consumo e, principalmente em consumismo, o dinheiro é uma das questões-chave porque, a princípio, sem dinheiro não há como consumir. Podemos até fazer uma lista de coisas das quais podemos usufruir sem dinheiro, como um belo pôr do sol ou a companhia de uma pessoa amada, porém quando se trata de necessidades básicas como roupa e comida, fica difícil imaginar como consegui-las sem dinheiro.

Jesus sabia disso. Por isso, não encerra seu discurso em Mateus 6 falando apenas para as pessoas não servirem o Dinheiro, deixando-as desesperadas, pensando: "Se não posso acumular dinheiro, como vou comprar comida e me vestir?" Cristo segue adiante, ensinando sobre o cuidado do Pai com flores e pássaros e enfatizando que o ser humano é muito mais valioso que essas coisas: "Se Deus veste assim a erva do campo, que hoje existe e amanhã é lançada ao fogo, não vestirá muito mais a vocês, homens de pequena fé?" (Mateus 6:30).

Deus se responsabiliza pessoalmente em atender nossas necessidades. Ele não apenas *sabe* do que necessitamos, mas também *deseja* atender-nos. Isso é muito mais do que qualquer outro ídolo pode oferecer. Por isso, não há com que se preocupar, nem por que acumular coisas como se a vida dependesse disso. Se amamos a Deus e nos dedicamos a ele, odiando e desprezando o Dinheiro, nosso verdadeiro Senhor se encarregará de suprir qualquer necessidade que tivermos.

Em vez de correr atrás dessas coisas, Jesus deixa outra coisa para fazermos: "Busquem, pois, em primeiro lugar o Reino de Deus e a sua justiça, e todas essas coisas lhes serão acrescentadas" (v. 33).

Já falei em algum lugar neste livro que a Palavra de Deus não nos manda abandonar uma atitude apenas para ficarmos de braços cruzados. Ela nos encoraja a substituir hábitos ruins (ou seja, vícios) por hábitos bons e edificantes. É o que Jesus ensina aqui. Todo o tempo e energia que você gastaria correndo atrás de suprir suas necessidades, dedique agora a buscar o Reino de Deus e a sua justiça.

E o que é esse Reino de Deus? "Pois o Reino de Deus não é comida nem bebida, mas justiça, paz e alegria no Espírito Santo" (Romanos 14:17). O Reino de Deus trata de promover "justiça, paz e alegria" ao nosso redor; muitas vezes usando nosso dinheiro para esse fim. Refeições, roupas e casas são, na verdade, ministérios da nova criação, dados a nós por Deus. Nas mãos dos ministros da reconciliação — ou seja, nós mesmos, designados por Cristo para levar as pessoas a se reconciliarem com ele (2Coríntios 5:18) — coisas como sanduíche de mortadela podem produzir frutos que duram por toda a eternidade.[17]

Buscamos o Reino de Deus não quando deixamos de comer para ficar jejuando, ou não compramos uma roupa nova para comprar uma Bíblia nova, mas quando empregamos nossas riquezas para expandir seu Reino na terra, alimentando os famintos, vestindo os que estão nus, construindo casa para os desabrigados e assim por diante. Deixamos de lado a preocupação com nossas próprias necessidades, porque o Senhor é quem se encarregou de supri-las, e nos tornamos mãos e pés de Deus para suprir as necessidades dos outros. E à medida que atendemos os necessitados, "todas essas coisas nos são acrescentadas."

Fomos criados para viver mais do que o aqui e agora. Nossa vida vai além do que comeremos no almoço, e nosso corpo tem propósitos mais sublimes que usar uma roupa desenhada por tal grife. Foram criados por Deus para glorificá-lo (você já ouviu isso antes), e realmente glorificamos ao Senhor quando descansamos na sua promessa de sermos sustentados por ele, e obedecemos à sua ordem de expandir o Reino com nossa vida, nosso corpo e nossos recursos.

E OS MEUS DESEJOS?

Ok, estamos falando de necessidades básicas. Mas e aquilo que não é básico? E se eu preciso *muito* de um celular novo porque o velho já pifou ou de um tênis novo porque o outro já deu o que tinha de dar?

"Se Deus veste assim a erva do campo, que hoje existe e amanhã é lançada ao fogo, não vestirá muito mais a vocês, homens de pequena fé?", diz Jesus no versículo que acabamos de ler. Repare no que ele fala: se Deus veste a erva do campo com trajes como os que Salomão, o homem mais rico do mundo, vestia — e certamente que nenhuma grife badalada do momento seria capaz de reproduzir — Deus não faria *muito mais* aos homens (ainda que possuíssem uma fé bem pequena)?

Não quero defender aqui que Deus quer seus filhos e filhas usando só roupas de luxo, pois não é o que vemos na vida de Cristo, nem dos apóstolos e nem dos santos da igreja primitiva. Mas afirmo, sem medo de ser feliz, que Deus não é "mão-de-vaca." "Se vocês, apesar de serem maus, sabem dar boas coisas aos seus filhos, quanto mais o Pai de vocês, que está nos céus, dará coisas boas aos que lhe pedirem!", afirmou Jesus no mesmo sermão, um pouco mais adiante (Mateus 7:11).

Não é errado desejar algo e até pedir isso para Deus. O problema está no que desejamos e pedimos, e na motivação de nosso coração quando fazemos isso.

Conta uma antiga anedota que, certa feita, um capiau estava à beira da estrada, logo de manhã, vendo a vida passar. E o que passou na frente dele, na verdade, foi uma carreta, carregada com a mudança de alguém. Por algum desnível na pista, a carreta trepidou, e algo que estava do meio da pilha de móveis e caixas caiu no chão.

O capiau foi até o meio da pista e, enquanto a carreta sumia no horizonte, ele pegou o objeto nas mãos, percebendo que era bem inusitado: tratava-se de uma lamparina bem antiga. Era bonita e interessante, mas estava forrada com a sujeira da pista. O capiau esfregou-a na camisa, para tirar o pó quando, para sua surpresa, saiu da lamparina um gênio (uau! Um gênio numa lamparina! Quem poderia imaginar uma coisa dessas?).

O gênio olhou para o capiau e disse:

— Eu sou o gênio da lamparina! Por me libertar, você tem direito a fazer três pedidos. Pode pedir o que quiser e eu lhe darei.

— Qualquer coisa?

TENHO, LOGO EXISTO

— Sim, sou um gênio, sou capaz de atender a qualquer pedido.

O capiau ficou meio tímido. Pensou um pouco, coçou a cabeça, e respondeu para o gênio, sem tirar os olhos do chão:

— Sabe, eu queria um queijo.

O gênio estranhou a simplicidade do pedido, mas, mesmo assim, fez aparecer o queijo. O capiau ficou feliz da vida e sentou-se na beira da estrada, levando um longo tempo para saborear aquele queijo. O gênio ficou ali, no meio da estrada, observando a cena meio absurda. Quando o capiau deu a última mordida no queijo, o gênio perguntou-lhe:

— Muito bem, qual será o seu segundo pedido?

O sujeito gastou mais um tempo pensando, até que teve uma ideia brilhante:

— Aquele queijo estava maravilhoso, foi o melhor que comi na minha vida. Será que você poderia me dar outro?

O gênio, sem entender nada do que estava acontecendo, fez outro queijo aparecer, para a alegria do capiau, que sentou mais uma vez na beira da estrada e se deleitou longamente comendo o segundo queijo. O gênio, porém, foi ficando tão impaciente por ter passado o dia inteiro vendo o homem devorando queijos, que mal esperou o capiau engolir o último bocado para lhe perguntar:

— Enfim, qual é o seu último pedido, homem?

O caipira olhou para o chão mais uma vez, fez algumas contas com o dedo no ar, coçou o queixo e a cabeça e, finalmente, respondeu:

— Quero um milhão de dólares em barras de ouro.

O gênio se surpreendeu com o pedido, e ficou feliz em atender um desejo que, enfim, fazia mais sentido. Ao movimento de sua mão, fez brotar diante do homem as barras de ouro. Enquanto o capiau as recolhia em meio à pista, o gênio relutava em voltar para a lamparina. Mesmo sendo muito sábio, ele não conseguia entender o que acabara de ocorrer. Então se voltou pela última vez para o capiau e perguntou:

— Olhe aqui, me explique isso: por que você pediu dois queijos para depois pedir o ouro?

O capiau abaixou os olhos, meio tímido, e respondeu:

— Sabe o que é? É que fiquei com vergonha de pedir outro queijo.

Essa história é engraçada (se você não achou graça, releia até dar risada), mas também ilustra muito bem nosso comportamento diante de Deus. Da mesma forma que fomos criados para experimentar prazeres muito maiores do que os que procuramos, conforme vimos no capítulo passado, também pedimos a Deus coisas muito menores e mais mesquinhas do que ele é capaz de nos dar.

Nossas necessidades fazem parte de nossa natureza humana, e o Senhor as conhece e se compromete em atendê-las. Nossos desejos, por outro lado, têm mais a ver com o nosso coração. Eles são a materialização de motivações e sonhos, estão intimamente ligados às coisas que mais prezamos neste mundo e revelam totalmente qual tipo de tesouro nosso coração valoriza.

Devido à nossa natureza pecadora e ao nosso egocentrismo, infelizmente, a maioria de nossos desejos não indica boas intenções em nosso coração. Não que desejemos coisas pecaminosas, como a morte de alguém, mas desejamos coisinhas fúteis que, na verdade, são exigência dos ídolos que ainda reinam nosso coração.

> De onde vêm as guerras e contendas que há entre vocês? Não vêm das paixões que guerreiam dentro de vocês? Vocês cobiçam coisas, e não as têm; matam e invejam, mas não conseguem obter o que desejam. Vocês vivem a lutar e a fazer guerras. Não têm, porque não pedem. Quando pedem, não recebem, pois pedem por motivos errados, para gastar em seus prazeres.
>
> Adúlteros, vocês não sabem que a amizade com o mundo é inimizade com Deus? Quem quer ser amigo do mundo faz-se inimigo de Deus (Tiago 4:1-4).

Não são raras as vezes em que nos aproximamos de Deus para pedir a realização de um desejo, como se ele fosse um gênio da lâmpada ou algum Papai Noel cósmico, esperando que nossos desejos sejam realizados. Não falo apenas de coisas materiais, mas de todo tipo de pedidos: por saúde, por proteção, por um emprego, por um problema na família ou no trabalho, etc. Raramente procuramos, pela oração, entender a vontade de Deus e alinhar nosso pedido e nosso coração a ela. No geral, estamos mais preocupados em satisfazer o desejo que temos naquele momento. Quando agimos assim, porém, fazemos nossa vida e a própria existência de Deus girarem em torno de nós, e não em torno dele; em torno de nossa vontade, e não da vontade dele.

TENHO, LOGO EXISTO

Inclusive, muitos de nós só se lembram do Senhor na hora de pedir e, boa parte de nossa indignação e frustração nesse processo, vêm em razão de um pedido não atendido. Isso chega ao ponto de levar pessoas a se afastarem de Deus e a afirmar que ele não existe porque não lhes deu o que pediram. Foi o que aconteceu com Charles Darwin, segundo dizem seus biógrafos. A morte prematura de sua filha Annie, aos 10 anos de idade, reforçou suas dúvidas acerca de Deus e de sua intervenção na vida humana. Como pai enlutado, Darwin achou impossível que a morte de sua filha fizesse parte de algum plano divino e concluiu que a matéria segue suas próprias regras.[18]

Diante de um desejo não atendido, demoramos a perceber se ele era compatível com o desejo de Deus para nossa vida. O texto de Tiago ressalta que não recebemos o que pedimos porque o que nos move não é a glória de Deus, mas nossa vaidade, nossos interesses. Por exemplo, um jovem, que está firme na igreja, indo aos cultos, frequentando a célula e envolvido em ministérios, tem orado para Deus lhe dar um carro, mas o carro não vem. Uma boa explicação para isso é que Deus sabe que o carro não vai facilitar a ida do jovem à igreja, mas lhe dará a oportunidade para ir a outros lugares que de ônibus não seria possível, ou lhe causaria constrangimento.

Mais que receber as boas dádivas de Deus, precisamos aprender a pedir. Alinhar a nossa vontade à dele é o primeiro passo. Se temos intimidade com Jesus, ele mesmo nos revelará quais são seus desejos para nós — "planos de fazê-los prosperar e não de lhes causar dano, planos de dar-lhes esperança e um futuro" (Jeremias 29:11). Não podemos reduzir esses planos de Deus a um carro, um emprego ou uma namorada. Seus planos para nós incluem fazer de nós parceiros em sua missão de estabelecer o seu Reino eterno, de moldar e forjar nosso caráter à imagem de Cristo, de resgatar almas que estão indo para a condenação eterna. Seu plano é que nos alegremos profundamente em sua presença, com sua pessoa. Nossos pedidos e desejos alinhados a esses planos serão gentilmente atendidos pelo Pai; enquanto os que nos afastam desse ideal serão amorosamente negados.

É muito difícil quando o nosso desejo entra em conflito com o desejo de Deus para nós. É grande a tentação de reclamarmos, achando que Deus não nos ama e não nos ouve. Porém, afirmar isso é uma afronta terrível contra o Senhor que deu a própria vida em nosso favor. O Pai negou um pedido legítimo de seu Filho Perfeito — "Afasta de mim este cálice" (Marcos 14:36) — porque sua vontade era resgatar os seus outros filhos perdidos: você e eu. "Aquele que não poupou a seu próprio Filho, mas o entregou por todos nós, como não nos dará juntamente com ele, e de graça, todas as coisas?" (Romanos 8:32).

Quando temos a mente focada nessas verdades, sintonizadas em Cristo e em seu Reino; quando o alvo de nossa vida passa a ser agradar a Deus e não sermos agradados por ele, então nossos desejos são realizados. Isso não acontece porque Deus fica contente conosco e faz um agradinho, mas porque nossos desejos estão 100% de acordo com os desejos dele. Se desejarmos o mesmo que o Senhor deseja, não há razão para ele se negar a atender nossos pedidos.

Nossa oração não deve ser usada para o Senhor satisfazer nossos desejos, mas para que ele os converta na sua vontade, ou seja, para que desejemos aquilo que ele deseja. O Senhor nunca vai deixar de atender a oração feita dessa maneira. Ele irá transformar nossa mente, a exemplo da mente de Cristo, para que experimentemos sua boa, agradável e perfeita vontade em nossa vida.

REFORMANDO A MENTE

O consumismo é mais um entre tantos ídolos que a cultura pós-moderna adora. Ele promete prazer, satisfação, *status* e felicidade. Mas, assim como os demais ídolos, cumpre suas promessas às custas da vida de seus adoradores. No fim, o que ele oferece são apenas migalhas que deixam as pessoas ainda mais famintas e infelizes.

Como foi falado nos outros capítulos, partimos do pressuposto de que, se estamos neste mundo, podemos estar nos valendo de sua cosmovisão também. Acredito que uma maneira de ver se (ou o quanto) nossa mente está conformada à mentalidade consumista deste século é respondendo à pergunta:

☑ "Se você ganhasse dez milhões de reais,

O QUE VOCÊ FARIA?"

Não saberei sua resposta, mas vou partir do princípio de que você respondeu alguma coisa, ou pelo menos pensou em algo. Isso basta para mim. Ainda não ouvi alguém dizer: "Não gostaria de ganhar nada porque estou feliz do jeito que estou. Estou feliz com a minha casa do jeito que está, com o meu trabalho, com o meu fim de semana, com o meu carro, com o meu guarda-roupa. Estou *satisfeito*."

Penso que o fato de responder algo já nos revela que estamos condicionados a ver o dinheiro, principalmente o que vem de graça, como a única maneira de realizar sonhos distantes, sejam eles para benefício próprio ou para o benefício de outros.

Gosto de pensar que o apóstolo Paulo provavelmente responderia a essa pergunta dizendo algo como "Sei o que é passar necessidade e sei o que é ter fartura. Aprendi o segredo de viver contente em toda e qualquer situação, seja bem alimentado, seja com fome, tendo muito, ou passando necessidade. Tudo posso naquele que me fortalece" (Filipenses 4:12-13). Jesus diria: "Não acumulem para vocês tesouros na terra, onde a traça e a ferrugem destroem, e onde os ladrões arrombam e furtam" (Mateus 6:19). São pensamentos que estão totalmente na contramão da mentalidade pós-moderna de fartura e consumismo. Para reformar a mente, precisamos mais do que parar de consumir tanto (embora esse seja um bom começo); temos de procurar em Deus e em seu Reino a segurança e felicidade que os bens terrenos prometem nos dar.

1. Consuma com moderação

Em primeiro lugar, pense duas vezes antes de gastar; pense até três ou quatro vezes, e leve em consideração se aquilo que você quer é um desejo ou uma necessidade.

Não se prenda, a princípio, ao preço — não que ele não importa; ele importa e muito! Porém, muitas vezes, se o que queremos é baratinho, pensamos: "Ah, mas está tão barato, não vai fazer mal nenhum comprar." O que não paramos para pensar é que consumismo não está tão ligado à quantidade de dinheiro que se gasta, mas à quantidade de vezes (e coisas) que se compram. Se um alcoólatra, por exemplo, está lutando para vencer o vício, não importa se ele toma uma tacinha de licor ou um barril de cerveja — de uma forma ou de outra, ele alimentou seu vício.

Da mesma forma, na luta contra o consumismo, temos de entender que gastar 5 ou 50 reais pode ser maléfico não pelo valor em si, mas por ceder mais uma vez ao impulso de gastar.

Não estou dizendo que o valor não importa. Outro princípio que se aplica é: jamais gaste além do que você pode. É uma regra de ouro. Nossos gastos não devem ultrapassar o que temos hoje — por "hoje" eu quero dizer "agora", e não aquilo que iremos receber no final do mês ou na semana que vem. A propósito, esqueça cartões de crédito e cheques especiais; essas coisas foram criadas justamente para levar você a gastar mais do que tem.

Perceba, porém, que a regra "gaste o que você tem" não quer dizer "gaste TUDO o que você tem." No início do capítulo, citei um trecho de Isaías que diz: "Por que gastar dinheiro naquilo que não é pão e o seu trabalho árduo naquilo que não satisfaz?" (Isaías 55:2). Embora essas palavras tenham sido escritas pelo profeta, quem as pergunta é o próprio Deus: "por que você vai gastar seu dinheiro, fruto do seu trabalho árduo (ou do trabalho de seus pais) naquilo que não lhe satisfaz?" Pergunte-se isso sempre que planejar fazer alguma compra e apresente a Deus as razões que você tem para adquirir tal objeto. Ore, medite e veja se realmente se trata de um desejo válido de seu coração ou se você está sendo movido a comprar simplesmente porque tem dinheiro para gastar.

O remédio para um impulso descontrolado em direção ao consumismo é consumir apenas aquilo que realmente satisfaz. Consuma mais e mais de Cristo! Jesus pegou nossa ambição carnal por possuir coisas e quebrou-a na cruz. Somos livres dos laços do dinheiro e do consumo. O consumismo não precisa conduzir mais nossa carteira e nem o nosso coração. Despertar uma fome cada vez maior por Jesus é nossa primeira defesa contra o ídolo do consumismo.[19]

2. Pesquise por onde anda seu coração

Convido você a fazer uma avaliação prática. Ao fim de cada dia, enquanto se prepara para dormir, deixe de lado o celular e as 14 redes sociais que você frequenta e pense: se alguém estivesse me seguindo hoje e registrando com uma câmera cada um dos meus movimentos, o que ele acharia que eu estou buscando em primeiro lugar? Se ele conseguisse capturar cada olhar mais prolongado que dei na direção de

TENHO, LOGO EXISTO

algo (ou de alguém), cada suspiro de desejo que escapou do meu pulmão, a que conclusão ele chegaria? Quais parecem ser minhas prioridades?

Essa é uma boa forma de saber por onde andou seu coração, e qual é realmente o seu tesouro. As coisas que arrancam nossos olhares e suspiros servem de GPS que nos ajuda a localizar onde está nossa mente, nosso coração e quais são nossos sonhos e prioridades. Avaliar ao fim de cada dia por onde seu coração andou ajudará você a lutar contra desejos que estão longe dos planos de Deus para a sua vida, inclusive a entender por que você tem valorizado certas coisas em detrimento de outras.

Tome cuidado, muito cuidado, para não confundir a vontade de Deus com "desejos *gospel*". Podemos ter desejos nobres que, em nosso entendimento, trarão muito avanço ao Reino ou ao nosso ministério em particular. Talvez o fato de comprar um carro para dar carona às pessoas para irem à igreja, ou vencer o medo de falar em público para evangelizar mais pessoas sejam desejos que consideramos honrados e úteis para o Reino, mas ao apresentá-los sinceramente a Deus, pode acontecer de ouvirmos um sonoro "Não" como resposta.

Isso acontece porque Deus sabe que até nossos "desejos gospel" podem levar-nos para longe dele. O apóstolo Paulo, cujos escritos têm nos guiado em boa parte deste livro, podem ser úteis para ilustrar essa situação. Em sua segunda carta aos coríntios, ele comenta sobre grandiosas revelações que recebeu da parte de Cristo: "Conheço um homem em Cristo que há catorze anos foi arrebatado ao terceiro céu" (2Coríntios 12:2). Ele parece estar falando de um outro homem, mas a maioria dos estudiosos entende que esse tal homem é o próprio Paulo.

O apóstolo não usa nenhum versículo falando do que encontrou nesse terceiro céu, mas sim muitas palavras para explicar que as revelações que teve poderiam ser motivo de vanglória. Deus também sabia disso, então:

> Para impedir que eu me exaltasse por causa da grandeza dessas revelações, foi-me dado um espinho na carne, um mensageiro de Satanás, para me atormentar. Três vezes roguei ao Senhor que o tirasse de mim. Mas ele me disse: "Minha graça é suficiente para você, pois o meu poder se aperfeiçoa na fraqueza". Portanto, eu me gloriarei ainda mais alegremente em minhas fraquezas, para que o poder de Cristo repouse em mim (2Coríntios 12:7-9).

Paulo também não explica muito bem o que seria esse espinho na carne, mas deveria incomodar muito, porque ele pediu para Deus removê-lo não uma, mas três vezes! Talvez fosse, inclusive, um grande empecilho para Paulo realizar o próprio ministério que Cristo lhe havia confiado.

Porém, o Senhor sabia que o "desejo gospel" de Paulo, de ficar sem o espinho para servir melhor, poderia levá-lo a cometer pecado terrível: levá-lo a se exaltar por causa das grandes revelações que recebera em primeira mão. Por isso, Cristo lhe respondeu: "Paulo, você não precisa disso para me servir melhor, porque o que o sustenta é a minha graça. O meu poder fica mais visível e evidente quando você está fraco."

Quando nossos "desejos gospel" são negados e somos obrigados a operar na pindaíba financeira, física e emocional, o poder de Deus fica ainda mais evidente. Não há qualquer resquício de poder humano que possa vir roubar ou ofuscar a glória de Deus. Há apenas fraqueza a humilhação, que evidenciam muito mais o brilho e força da glória do Senhor.

O "Não" de Deus aos nossos desejos sempre está dentro do plano maior da vontade dele para a nossa vida, que inclui seus planos para todo o mundo e seu Reino. Nossa maior glória é ter nossa vida tão curta e insignificante sendo usada pelo Senhor Poderoso para cumprir seus propósitos na história.

3. Dedique ao Senhor tudo o que você possui

Esta é uma dica milenar, deixada pelo homem mais rico e sábio que o mundo já viu: Salomão. Ele escreveu: "Honre o Senhor com todos os seus recursos e com os primeiros frutos de todas as suas plantações" (Provérbios 3:9).

Muitas vezes as pessoas usam o dízimo como desculpa para gastar os 90% que sobram da maneira que quiserem, como se o dízimo fosse uma espécie de Imposto Divino Retido na Fonte, sujeitando aqueles que não pagam a multas e punições severas.

O dízimo possuía funções específicas dentro da comunidade do Antigo Testamento, e não é meu objetivo aqui discutir seu uso antes e depois de Cristo. Meu foco é muito mais prático: Deus não quer apenas 10% do seu salário. Ele o quer integralmente. E não apenas o seu salário: Deus reivindica tudo o que você possui, tenha sido comprado com salários anteriores, ganhado de presente ou adquirido por outros meios (lícitos, diga-se de passagem).

O conselho de Salomão é claro: "Honre o Senhor com *todos os seus recursos*." Tudo o que possuímos deve ser usado para a glória de Deus e expansão do seu reino; de outro modo, estará sendo usado para trazer glória a outro deus e expandir a outro reino.

Enganamo-nos ao pensar que apenas o dízimo é do Senhor. Dele são toda a prata, todo o ouro e todos os bens do mundo, ainda que encontrem-se em nossos cofres e contas bancárias. O que temos nos foi dado pelo Senhor para administramos como bons mordomos, e não para gastarmos em nossos prazeres, como escreveu Tiago.

Dedicar a Deus cada centavo que está em nosso bolso é reconhecer que aquilo só está ali porque ele nos deu vida, trabalho, saúde, inteligência e tudo mais que é preciso para se trabalhar. Ele, em sua graça, permite que usufruamos do muito que ele nos dá; o próprio fato de poder aproveitar do fruto do trabalho é bênção de Deus, como escreveu Salomão: "E, quando Deus concede riquezas e bens a alguém, e o capacita a desfrutá-los, a aceitar a sua sorte e a ser feliz em seu trabalho, isso é um presente de Deus" (Eclesiastes 5:19).

Porém, não devemos achar em momento algum que temos direito a usar o dinheiro que ganhamos, ou os bens que compramos, da maneira que desejarmos, porque são fruto do nosso suor. Tanto um como outro são bênçãos de Deus, e devem ser usados de acordo com os planos dele.

ISSO NÃO FUNCIONA

6

ISSO NÃO FUNCIONA!

DESCONFORMANDO-SE DO IMEDIATISMO E PRAGMATISMO

Citei diversos pensadores, filósofos e sociólogos ao longo do livro. Para este capítulo, contudo, quero mencionar um grande inventor do século 20. Seus inventos são atualmente utilizados em todo o mundo, tanto por universitários como por empresários e mães atarefadas. Além disso, são igualmente úteis tanto em missões espaciais como em humanitárias. No ano em que completaria seu 105º aniversário, esse grande inventor foi homenageado pelo Google com um *doodle* especial.

Sem mais delongas, quero lhe apresentar o inventor convidado para este capítulo: Momofuku Ando.

Talvez o nome não lhe soe nada familiar, mas você certamente é uma das milhões de pessoas abençoadas pela invenção dele (útil sobretudo quando a fome aperta e a preguiça também): o macarrão instantâneo, mais conhecido como *nissin miojo*, ou apenas miojo.

O miojo nasceu no Japão pós-segunda guerra. O país se reconstruía em meio à extrema miséria e fome. Em sua biografia, Momofuku conta que, passeando por sua cidade natal, deparou-se com uma grande fila de pessoas na frente de uma vendinha de macarrão, montada em meio aos destroços de uma estação de trem. As pessoas, famintas, esperavam por algo para comer.[1] Diante da cena, Momofuku começou a pensar na necessidade de produzir alimentos de baixo custo e fácil preparo. Então, em 1948, ele criou uma empresa voltada para a fabricação desse tipo de alimento, a *Nissin Food* e, em 1958, nasceu o miojo.[2]

Embora a ideia do miojo tenha sido muito legal, a invenção de Momofuku que realmente "bombou" foi o *cup noodle*, de 1971.[3] O "macarrão no copo" é comercializado num copinho de isopor no qual basta acrescentar um pouco de água quente e — *voilá!* — eis uma refeição. O que fez o *cup noodle* bombar foi o tipo de consumidor a que era destinado. Enquanto o miojo atendia a uma demanda pós-guerra por comida barata e de fácil preparo, o copinho já atendia a um mundo emergente que estava prosperando e não podia perder tempo preparando e consumindo refeições.

Escolhi Momofuku para abrir este capítulo porque creio que seus inventos comestíveis ilustram muito bem a necessidade de nossa atual geração por soluções rápidas e práticas. Vivemos na era do *imediatismo* (soluções rápidas) e do *pragmatismo* (soluções práticas).

Ainda que a demanda por soluções rápidas e práticas não seja de agora — considere, por exemplo, que o *cup noodle* está há quase cinquenta anos no mercado para provar isso — hoje, mais do que em qualquer outra época, ser pragmático e imediatista está em alta.

Boa parte disso se deve à internet banda larga, que se alastrou mundo afora por volta do ano 2000. Antes dela, as informações viajavam na velocidade do telefone ou do rádio — informações de texto, diga-se de passagem. As fotos viajavam na velocidade dos correios e seus carteiros que também entregavam documentos, contas, cartas, comunicados e tudo mais que hoje você recebe instantaneamente em seu e-mail.

O próprio acesso a um computador pessoal facilitou muito a transmissão e armazenamento de informações. Antes dele, um livro como este, que você está segurando agora, teria sido compilado à máquina de escrever ou, na pior das hipóteses, à mão. Trabalhos escolares e universitários eram produzidos numa mesa de biblioteca, repleta de livros e notinhas, com o texto final sendo transferido para uma boa e velha folha de papel almaço (ah, aquelas saudosas linhas azuis!).

Estou falando da época das agendas telefônicas, do pesado aparelho de som, e das ligações DDD que deveriam ser feitas depois das 21 horas, quando o pulso era mais barato. Da época do crediário, dos carnês com dezenas de boletos para pagar a compra do videocassete de quatro cabeças ou da televisão de tubo.

Se você reparar, não precisei colocar uma única nota de rodapé nos últimos parágrafos porque são informações que posso passar em primeira mão; afinal, eu mesmo vivi muitas delas. Não digo isso por saudosismo, mas para destacar o fato de que esse mundo que descrevi existia até pouco tempo atrás. O avanço tecnológico trazido pelos circuitos eletrônicos e pela internet banda larga fez com que objetos e um modo de vida que reinaram por décadas fossem parar num museu praticamente da noite para o dia.

A atual geração de jovens brasileiros diferencia-se de todas as anteriores por ser a primeira na história do país a ter nascido num contexto de tecnologia e globalização, ao qual pessoas como eu, ou mais velhas, tiveram de se adaptar com o passar da tempo.[4] Os primeiros passos ou a primeira papinha dos jovens de hoje foram registrados em foto e vídeo e enviados em questão de segundos para o pai que estava no escritório ou para a avó que morava em outro Estado. Para esses jovens, usar o computador é tão natural quanto abrir a geladeira. Conhecer fatos e pessoas de outros países é tão simples quanto ter notícias da cidade vizinha.

Que mudanças essas facilidades causaram na vida desses milhões de jovens desde a infância? Foram muitas, é claro, mas uma das mais profundas, em minha opinião, foi o relacionamento deles com o *tempo*.

De uma maneira ou de outra, nossa rotina é construída ao redor das atividades que fazemos e do tempo que dedicamos a elas. O tempo que você leva para chegar ao trabalho ou à faculdade determina (em tese, ao menos) a hora que você deve sair de casa. A partir desse horário você sabe que hora deve começar a se arrumar, quando deve acordar e assim por diante. Cada detalhe de seu dia vai sendo organizado em torno dos compromissos mais importantes.

Agora, imagine que além desses grandes compromissos diários (trabalho, escola, consultas médicas, etc.), todas as outras coisas tivessem hora e tempo certos para acontecer. Imagine, por exemplo, que o único acesso às notícias do país e do mundo fosse um telejornal transmitido às 20 horas. Que o único jeito de comprar um liquidificador fosse numa loja física, situada no centro da cidade, que fica aberta das 9 às 18 horas. Que a única maneira de rever uma foto que você bateu fosse levando sua câmera à loja de fotos e pedir a revelação do filme (revelação de filme?! Você provavelmente vai precisar do Google para entender essa!), que lhe será entregue em questão de uma semana.

Como você acha que seria sua rotina nesse mundo? Talvez você fosse mais organizado. Mas é certo que você aprenderia a *esperar*. Esperar o horário do jornal, esperar a abertura da loja, esperar a revelação da foto.

Hoje, porém, pedir para alguém esperar é quase um insulto. Estamos tão acostumados a ter a resposta tão rapidamente, que procuramos logo na primeira página de resultados do Google, pois nossa capacidade de esperar foi prejudicada demais. De uma mensagem não respondida no WhatsApp a um elevador que não chega ao andar, dois minutos de espera tornam-se séculos de irritação. Some isso ao narcisismo — que dá às pessoas a impressão de que são deuses e que merecem ter seus desejos satisfeitos imediatamente — e ao consumismo — que confunde o que é importante com o que é urgente — e temos o necessário para montar uma bomba-relógio ambulante.

ENQUANTO ISSO...

O que geralmente se faz é tentar minimizar o impacto da espera. Em outras palavras, tentamos preencher o tempo gasto em esperar fazendo outra coisa. Pense aí: o que você faz...

- ... enquanto seu computador liga ou seu game carrega?
- ... enquanto o semáforo está vermelho?
- ... enquanto o pastor está pregando um sermão muito chato?
- ... enquanto almoça sozinho?

Os *enquantos* da vida pós-moderna são todos devidamente preenchidos. O tempo na pós-modernidade quase nunca é dedicado exclusivamente a uma tarefa: enquanto esperamos o resultado ou o fim da ação que fazemos ou à qual estamos sujeitos (como a pregação do pastor), estamos fazendo qualquer outra coisa.

Essa "habilidade" de fazer duas coisas ao mesmo tempo é chamada de *multitarefa*, e tem sido uma marca do relacionamento da geração atual com o tempo. Em princípio, ser multitarefa tornou-se uma capacidade necessária para sobreviver a um mundo em que o tempo e os recursos são cada vez mais escassos — uma espécie de "evolução", como diriam os naturalistas.

ISSO NÃO FUNCIONA

No processo evolutivo de Darwin, somente os "fortes sobrevivem", ou seja, os que se adaptam aos meios. A rotina acelerada do mundo pós-moderno não apenas valoriza quem consegue lidar com duas coisas ao mesmo tempo; ela *requer* que as pessoas mantenham um olho no peixe e outro no gato.

Entretanto, o que os pesquisadores têm encontrado é que nosso cérebro não foi feito para lidar com mais de uma coisa ao mesmo tempo. Sinceramente, acho que nem precisava de pesquisas para descobrir isso. Dirigir e usar o celular ao mesmo tempo nunca dá certo (é claro que a pessoa que está fazendo isso acha que está dando *muito* certo, mas todos os outros motoristas ao redor, que têm de desviar de um carro mal guiado, percebem que não).

Testes têm sido realizados com pessoas que se consideram multitarefas, pedindo-lhes que realizem duas atividades cognitivas ao mesmo tempo, algo como guiar um carro por uma pista com obstáculos enquanto respondem a perguntas feitas numa conversa pelo celular.[5] Além de não conseguirem realizar as tarefas com perfeição (ou nem mesmo com uma qualidade aceitável), o cérebro dos participantes também foi prejudicado: depois de uma bateria de exames, a capacidade de raciocínio deles ficou reduzida ao mesmo nível de uma pessoa que não dormiu a noite toda ou que acabou de fumar um baseado.[6] Em caso de dúvidas, está cientificamente provado: celular e direção não combinam mesmo.

Ser multitarefa, em meu ver, não tem nada de capacidade evolutiva especial. É apenas um fruto do imediatismo da vida pós-moderna, motivado pela impaciência de terminar uma tarefa para executar outra e pela necessidade de estar conectado o tempo todo. Por qual outro motivo as pessoas andariam pela rua com o celular na mão, trocando mensagens e checando redes sociais?

Esse estilo de vida, em que há pouco tempo para realmente se viver, é imposto como a única opção. Ser moderno é não ter tempo, é viver com os ouvidos plugados num *headphone* e os olhos grudados numa telinha de LCD (ah, agora é OLED... Mas até o livro acabar, terão inventado outro material). Porém, ninguém consegue sobreviver muito tempo nesse ritmo alucinante. O próprio corpo dá sinais de que não foi feito para responder na velocidade da banda larga, aprendendo inglês em seis meses ou perdendo dez quilos em 30 dias. Quando se sente sufocado pela enorme quantidade de informações que consumimos e de respostas que exigimos, nosso corpo também dá tela azul.

Um dos problemas físicos, consequentes do imediatismo e do ritmo de vida alucinante, é a Síndrome do Pensamento Acelerado. Segundo o psiquiatra Augusto Cury, essa síndrome é o novo mal do século, mais nociva que a depressão: "O bombardeio de informações e atividades intelectuais gerou uma sociedade ansiosa que sofre por antecipação." Segundo Cury, o problema está em exigirmos que nosso cérebro responda rápido demais: "Quando pensamos rápido demais ou em excesso, violamos o que deveria ser inviolável: o ritmo da formação de pensamentos. Isso gera consequências seriíssimas para a saúde emocional, como a ansiedade."[7]

Como a vida pós-moderna, sempre ligada no 220V, tem se mostrado impraticável, foi criado um estilo alternativo (mas igualmente pós-moderno): o de *desacelerar*. Nas grandes cidades surgiu um movimento pela desaceleração da vida batizado de *quiet bliss* (felicidade silenciosa), o qual prega que façamos apenas uma atividade por vez. "Para os defensores do movimento, aspectos como viver o momento sem registrá-lo (nada de *selfies* nas férias ou de assistir a um show pela tela do smartphone em vez de olhar para o palco), deixar a internet desligada por alguns períodos, parar de acumular afazeres e encontrar tempo para o ócio são fundamentais."[8] Muitos têm procurado dedicar-se a atividades mais contemplativas, como ioga e meditação, a fim de desacelerar a vida e, então, viver melhor.

FUNCIONA?

Sim, funciona! Laboratórios de pesquisa têm testado métodos inovadores de meditação (acho engraçado falar de meditação inovadora; para mim, meditar parece ser tão milenar...), e ficou comprovada sua capacidade de desestressar. É claro que o resultado não é o mesmo para todas as pessoas, e algumas só perdem a paciência quando tentam meditar. Assim, tem gente que se desestressa colorindo livros, enquanto outros preferem pescar. Cada um busca uma atividade relaxante que funcione para si.

Gostaria de chamar sua atenção para uma pegadinha escondida nesse parágrafo anterior. Releia. Achou algo curioso? Não tem a ver com meditar, nem com estresse nem com pesquisas. A pegadinha está em *funcionar*.

Por que as pessoas meditam? Porque *funciona*. E as que não meditam, por que não o fazem? Porque não *funciona* (para elas, pelo menos). Nossa relação com atividades e objetos, e infelizmente muitas vezes até com pessoas, tem sido regida pela regra suprema do "isso funciona para mim?".

Além de toda questão relativista escondida nessa frase — o importante não é apenas que as pessoas digam que aquilo funciona, tem de funcionar *para mim* — encontramos mais um "ismo" pós-moderno, o teste absoluto para determinar a viabilidade de objetos, atividades, inclusive relacionamentos: o *pragmatismo*.

De acordo com o pensamento pragmático, coisas e ideias só têm utilidade quando produzem efeitos práticos.[9] Por exemplo, meditar é útil apenas se produz o efeito que estou esperando. Se não produzir, é inútil, pelo menos para mim.

Embora, por toda a história da humanidade, as pessoas tenham procurado empregar métodos eficientes, em vez de gastar o tempo com o que é inútil — assim se inventou praticamente tudo que existe, da roda ao miojo — foi somente no século 19 que começaram a filosofar sobre o valor da utilidade das coisas; na verdade, o valor das *ideias*. Quem teorizou sobre o assunto foram os norte-americanos Charles Peirce e John Dewey, considerados os pais do pragmatismo.

Segundo a filosofia do pragmatismo, as ideias que têm valor e força são aquelas que podem ser colocadas na prática podem virar ação e gerar resultados. Por exemplo: se você está perdidamente apaixonado por uma garota (ou, por um rapaz, caso você seja uma garota), você pode imaginar mil formas de abordar a pessoa para expressar seus sentimentos por ela, das maneiras mais simplórias às mais românticas. Não importa o quanto você pense: a única ideia que terá valor real será aquela que você conseguir realizar. Assim, por mais ideal que seja levar a pretendente para velejar ao sol poente do Mediterrâneo e se declarar enquanto golfinhos estão saltitando ao fundo, se essa ideia não pode ser colocada em prática, ela não tem valor nenhum.

O pragmatismo, no entanto, vai além de julgar ideias. Sua linha de raciocínio termina (ou começa) definindo o próprio conceito de verdade. Verdade, para o pragmático, é só aquilo que se concretiza como ação.[10]

Se ao ler essa definição de verdade você sentiu uma pulga picar sua orelha, pode coçar, porque nessa abordagem existe mesmo algo estranho. John Dewey, um dos pais do pragmatismo que acabei de apresentar, entendia que a verdade não possui "caráter estático, definitivo, absoluto, eterno e imutável", como entendia a filosofia tradicional. Para ele, a verdade muda na medida em que as coisas mudam. De onde ele tirou essa ideia? Do darwinismo e do processo de evolução. Dewey considerava-se "naturalista", um devoto da teoria da evolução das espécies de Charles Darwin.[11]

Antes de prosseguirmos na conversa sobre pragmatismo, uma observação importante. Aqui você pode perceber como a cosmovisão de uma pessoa influencia realmente toda a forma de ela encarar o mundo e organizar sua vida. Cosmovisão é prática, não apenas teórica. Porque cria na teoria da evolução, Dewey concluiu que a verdade também evolui. Sua conclusão, seja correta ou não, é lógica dentro da sua cosmovisão. Faz sentido dentro de sua crença.

O pragmatismo, de certa forma, valida a máxima: "os fins justificam os meios." As ideias são avaliadas pela sua capacidade de gerar ação, e não por um absoluto moral. Certo e errado, na verdade, se traduzem em "funciona" (certo) e "não funciona" (errado).

A filosofia pragmática foi capaz de influenciar muitas áreas do conhecimento e também da vida humana; eu diria que quase tudo. Hoje existe o pragmatismo político (no qual a ação política é orientada mais pelos resultados do que pelos princípios e valores),[12] o pragmatismo literário (em que a mensagem do texto é construída pelo leitor, não pelo autor),[13] pragmatismo linguístico (em que o uso correto da língua depende do contexto em que está sendo usado, a despeito das regras gramaticais) e por aí vai. E, caso você esteja curioso, existe também o pragmatismo cristão, com as mesmas características dos outros pragmatismos: o certo a fazer é aquilo que traz o resultado desejado (ter mais pessoas na igreja, mais contribuições, mais batismos), independentemente do que a Bíblia afirma.

Uma vez que o pragmatismo influenciou tantas áreas, como poderíamos esperar que ele não influenciasse também os relacionamentos humanos? Até pessoas podem ser consideradas úteis ou inúteis com base em resultados. É por isso que são medidas o tempo todo, por meio de auditorias, avaliações e categorizações. Os que alcançam as metas são

ISSO NÃO FUNCIONA

premiados, os que não alcançam, tchau tchau, vão para o olho da rua. É a seleção natural sendo aplicada aos relacionamentos.

RESULTADOS AGRADÁVEIS

Agir pensando nos resultados não é exclusividade do pragmatismo, e tampouco constitui um problema. Como dissemos, por toda a história da humanidade, as pessoas preferiram o que era útil e prático; foi assim que se acumulou conhecimento e foram feitas descobertas que trouxeram avanço para as civilizações. Isso significa que ser pragmático, no que diz respeito a agir pensando em resultados, faz parte, *em certo grau,* da natureza humana.

Como vimos, tornar-se cristão não significa tornar-se menos humano (muito pelo contrário!). O que quero dizer é que ter o Espírito Santo dentro de si não irá mudar o fato de que, como qualquer outra pessoa, você também irá pensar nas coisas visando uma ação ou um resultado. Tomamos milhares de decisões a cada instante, tendo em mente os resultados que desejamos alcançar.

Fazer isso não é pecado. A Palavra de Deus nunca nos proibiu de agir a fim de alcançarmos resultados que temos em mente. O que ela faz é nos orientar em relação a quais tipos de resultados podemos desejar e a usarmos a sabedoria divina para alcançá-los, de acordo com a vontade de Deus, conforme conversamos no capítulo anterior.

Sendo assim, podemos dizer que existe um "pragmatismo bíblico", ou seja, uma maneira de buscar resultados totalmente orientados por valores bíblicos. É o que encontramos, por exemplo, na carta escrita por Tiago. Ele ensina que a fé gera resultados — obras. Ela não é um sentimento perdido dentro de nosso coração. Se a fé não produz nada, então é *inútil* (Tiago 2:20). Não basta crer, saber; Tiago nos lembra de que até os demônios creem e sabem das coisas (v. 19).[14] A verdadeira fé gera resultados.

Uma palavra muito utilizada no Novo Testamento para falar dos resultados de nossa salvação é *fruto.* Jesus diz que, se permanecemos nele, nós não só produziríamos fruto (João 15:1-2), mas muito fruto (v. 8). Paulo nos lembra do fruto que o Espírito produz em nós (Gálatas 5:22-23); que nossa pregação produz fruto entre as pessoas (como foi o caso dele, em Romanos 1:13) e que nossa doação aos necessitados também é um fruto (Romanos 15:28).

Gostaria apenas de ressaltar que a salvação não vem pelas obras que realizamos ou pelos frutos que produzimos. Somos salvos pela graça de Deus, por meio da fé que colocamos na obra e morte de Cristo Jesus (Efésios 2:8-9). A verdadeira fé, porém, não é estéril. Ela nos leva a caminhar nas obras que o próprio Pai preparou para que realizássemos, pelo poder do Espírito Santo, como *consequência* de nosso novo nascimento (Efésios 2:10).

Cristo, no entanto, não ordena que eu produza frutos, nem diz o *meio* que devo utilizar para produzi-los, deixando isso a meu critério. Para ele, o resultado é tão importante quanto os meios. Ele aceita apenas os frutos gerados pelo poder do Espírito, pois, por minha própria carne, tudo o que conseguirei produzir é destruição (Gálatas 5:16-25). Assim, ainda que eu deposite aos pés do Senhor uma farta colheita, ele a rejeitará se tiver sido produzida apenas com meus próprios esforços. Ele não quer somente o nosso fruto, mas por inteiro, em todo o processo.

Nesse ponto, a Palavra lança uma luz para esclarecer quando o pragmatismo se torna ruim: quando ele deixa de ser bíblico e se torna idólatra, focando apenas nos resultados.

Orientar-se por resultados pode ser especialmente enganador, pois eles "parecem" glorificar a Deus, embora, de alguma maneira, infrinjam instruções que Deus nos deu.

Vou dar um exemplo prático (qualquer semelhança é mera coincidência!). Imagine que um rapaz crente está interessado em namorar uma garota que não é cristã. Como entendemos que o objetivo do namoro é o casamento (o cristão não namora só por namorar), esse rapaz logo esbarra na seguinte complicação: a Bíblia condena o casamento de um filho da luz com um filho das trevas. É o "jugo desigual", apresentado por Paulo em 2Coríntios 6:14-18. O rapaz, no entanto, está perdidamente apaixonado e tem certeza de que a garota é uma boa pessoa, muito honesta e até melhor que algumas meninas que ele conheceu na igreja. Ele, então, conclui: "Vou namorar essa menina e levá-la para a igreja." É o que chamam de "namoro missionário".

À luz das Escrituras, essa abordagem está errada. O rapaz justifica a infração de um mandamento propondo que o resultado — a conversão da garota (que, na verdade, não depende dele, mas de uma ação do Espírito Santo no coração da moça) — irá agradar a Deus. Se ele realmente se preocupa com a salvação dela, deveria evangelizá-la e interceder por sua

ISSO NÃO FUNCIONA

salvação *antes* de iniciar um relacionamento. Que relacionamento terreno pode ser tão importante a ponto de desprezarmos nosso relacionamento com Cristo?

Se abordamos a vida cristã por uma perspectiva que valorize mais os *resultados* do que a *obediência fiel* à Palavra, estamos fazendo do pragmatismo, do amor pelos resultados, um ídolo.[15] Obter resultados torna-se tão importante que, para alcançá-los, não vemos problema em desobedecer ao que a Palavra diz.

Precisamos ter em mente que as Escrituras não são sugestões de como viver para agradar a Deus. A Bíblia contém todas as palavras que Deus pretendia que seu povo possuísse em cada estágio da história; todas as palavras divinas das quais necessitamos para sermos salvos, crermos nele e obedecer-lhe. A Bíblia é a Palavra de Deus de tal maneira que não crer ou desobedecer a ela é não crer em Deus ou desobedecer a ele". [16]

Aos olhos de Deus, nenhum resultado que eu lhe trouxer pode compensar uma desobediência minha a uma ordem dele, registrada em sua Palavra. Como disse o profeta Samuel, "obedecer é mais importante que sacrifícios." Essa frase bastante conhecida foi dirigida ao rei Saul, quando desobedeceu a uma ordem expressa de Deus e tentou maquiar sua desobediência com um agradinho.

Por meio de Samuel, Deus havia dado a Saul a ordem de atacar os amalequitas e destruí-los totalmente, tanto pessoas como animais, por causa do mal que haviam feito a Israel (1Samuel 15:2). Tudo o que pertencia a esse povo cruel estava "consagrado ao SENHOR para destruição" (v. 3).

Saul agiu conforme a palavra de Deus, entregue por Samuel, e atacou os amalequitas. Porém, "Saul e o exército pouparam Agague [rei dos amalequitas] e o melhor das ovelhas e dos bois, os bezerros gordos e os cordeiros. Pouparam tudo o que era bom, mas tudo o que era desprezível e *inútil* destruíram por completo" (v. 9).

Saul e o exército sob seu comando foi pragmático no mau sentido. Seguiram direitinho a ordem do Senhor em relação ao que era *inútil*, mas na hora de destruir coisas de muito valor, que seriam tão úteis... A cobiça falou mais alto e eles pouparam o que havia de melhor.

Mas isso não foi tudo. Quando o Senhor contou a Samuel o que Saul havia feito, o profeta foi até lá. Era madrugada e Samuel estava muito irado (v. 11-12) com a desobediência do rei. Talvez tenha sido pela "cara de poucos amigos" de Samuel que Saul, ao vê-lo, logo se justificou: "Eu segui as instruções do SENHOR" (v. 13). Mas o profeta não perdeu tempo: "Então que balido de ovelhas é esse que ouço com meus próprios ouvidos? Que mugido de bois é esse que estou ouvindo?" (v. 14).

Saul tinha a resposta na ponta da língua: "Os soldados trouxeram [veja, ele joga a culpa nos soldados, que estavam sob as ordens dele] para sacrificarem ao SENHOR, o teu Deus [teu??? Não era Deus de Saul também? Parece que não...], mas destruímos totalmente o restante" (v. 15). E depois explicou: "Os soldados tomaram ovelhas e bois do despojo, o melhor do que estava consagrado a Deus para destruição, a fim de os sacrificarem ao SENHOR" (v. 21).

Saul era um "cara de pau"... Mas ele não enganava ninguém. Samuel não lhe deu ouvidos e falou duramente:

> Acaso tem o SENHOR tanto prazer em holocaustos e em sacrifícios quanto em que se obedeça à sua palavra? A obediência é melhor do que o sacrifício, e a submissão é melhor do que a gordura de carneiros. Pois a rebeldia é como pecado de feitiçaria, e a arrogância como o mal da idolatria. Assim como você *rejeitou* a palavra do SENHOR, ele o rejeitou como rei (vs. 22-23).

Desobedecer à palavra e às ordens de Deus é desobedecer ao próprio Deus. A desobediência, como Samuel colocou, é rebeldia e rejeição a Deus. Não dá para fazer média com o Senhor. Por mais expressivos que sejam os resultados que alcancemos com uma violação da lei de Deus, para o Senhor, eles nada valem; apenas indicam que nos preocupamos mais com os resultados do que com ele.

Se amo a Deus de fato, não posso encarar sua Palavra como uma lista de sugestões de coisas que agradam a Deus. Tampouco posso interpretar o que as Escrituras dizem para se encaixar na minha maneira de ver e lidar com o mundo, ou achar que elas dizem respeito a uma época que não existe mais — isso seria aplicar à Bíblia a lógica pragmática de Dewey, de que a verdade muda à medida que o tempo passa.

Desconforme-se do pragmatismo mundano para adotar o pragmatismo bíblico. Como você pode fazer isso? Atente para a seguintes dicas:

ISSO NÃO FUNCIONA

- Compreenda quando você é livre para tomar decisões (sempre de acordo com a sabedoria que o Senhor concede) e quando você simplesmente tem de crer em Deus e obedecer a ele.
- Seja paciente! O nosso objetivo não são as pequenas conquistas e os resultados que alcançamos aqui, mas a "imperecível coroa da glória" que receberemos no porvir (1Pedro 5:4).

TEMPO DE DEUS

Ter paciência, aliás, é uma dica-chave para todo este capítulo. Como falei, nossa relação com o tempo mudou profundamente, e precisamos ter uma abordagem cristã para isso, em vez de optar pelas tendências pós-modernas de ser imediatista ou desacelerado.

Tempo é um dos recursos que o Senhor nos dá — e, diga-se de passagem, creio que é o único recurso distribuído igualmente para todas as pessoas em todos os lugares. Todos os seres humanos que já viveram tiveram igual acesso a dias de 24 horas. Nenhum povo teve mais tempo ou menos que outro.

Nosso papel em relação aos recursos que Deus nos concede é administrá-los como mordomos, e não como proprietários. A conclusão é: se Deus é o Senhor do nosso tempo, temos de administrá-lo de maneira a glorificá-lo, assim como fazemos com nosso dinheiro.

Dentro da cosmovisão cristã, cremos que o tempo também foi criação do Senhor. Seu ato criativo foi dividido em dias, com manhãs e tardes (Gênesis 1:5,8,13,19,23,31). No quarto dia, ele criou os luminares para "separar o dia da noite" e para servirem "de sinais para marcar estações, dias e anos" (v. 14).

O ato criador de Deus é intenso. Ele trabalhou seis dias sem parar, criando não apenas o contexto astronômico, geológico e biológico do mundo, mas também estabelecendo todas as regras que regem o universo até hoje. De modo igualmente admirável, Deus conduziu seu trabalho com *ordem*. Suas tarefas criativas tinham objetivos específicos. Ele era focado. Quando disse: "Haja luz", não ficou pensando no que faria em seguida, e nem como consertaria a luz se não ficasse muito bem criada. Como sei disso? Porque ele dedicou o primeiro dia inteiro à criação da luz — as demais coisas ele fez nos outros dias.

Já parou para pensar quanto tempo o Senhor demorou para criar a luz? Deve ter levado aproximadamente 3,3 nanossegundos (Hein? Essa é a velocidade da luz: ela demora um segundo para percorrer 299.792.458 metros). Estou brincando: é claro que não sei quanto tempo Deus demorou para criar a luz, mas foi instantâneo. Ele disse: "Haja" e "houve". Mas se foi assim, tão rápido, o que ele ficou fazendo o resto do dia? Por que só criou a luz e a separou das trevas no dia primeiro dia? Por que já não adiantou as próximas criações, para ter mais tempo no fim de semana?

Não sei, a Bíblia não diz. Podemos perguntar a ele quando chegarmos ao céu. Hoje, porém, isso me ensina que Deus não apressava as coisas, menos ainda se atropelava em suas obras. Posso aprender, a exemplo dele, a fazer em meu dia de trabalho apenas aquilo que consigo fazer em um dia. Nem mais, nem menos. Devo estar focado naquilo que estou fazendo naquele momento, sem me preocupar ou me distrair com outras atividades concorrentes (celular, TV, planos para amanhã).

Também devo fazer começar e terminar uma tarefa para *depois* iniciar outra, como foi no caso da criação. Grande parte de nossa correria no dia a dia nasce da tendência que temos de nos achar multitarefas. Embora Deus sustente todas as coisas com seu poder e, neste exato momento ele esteja ao seu lado e também resolvendo problemas políticos da Guatemala, em seu trabalho criativo ele não foi multitarefa. Ele criou uma coisa de cada vez e a apreciou, vendo que era "muito bom." Podemos nos espelhar nele para desenvolver nossas tarefas com *foco* e *ordem*.

O final da obra criativa, no entanto, foi marcado por um dia especial.

> No sétimo dia Deus já havia concluído a obra que realizara, e nesse dia descansou. Abençoou Deus o sétimo dia e o santificou, porque nele descansou de toda obra que realizara na criação (Gênesis 2:2-3)

Já se perguntou por que a semana tem sete dias, em vez de oito ou dez? Porque o Senhor a criou dessa forma. Não vivemos em um sistema de mundo tão arbitrário, como muitos afirmam. Deus é o Senhor de toda a criação, inclusive do tempo; ele definiu a duração dos dias e da passagem do tempo.

O sétimo dia foi estabelecido por Deus para o descanso. Ele não apenas o estabeleceu como também descansou e isso não foi tudo. No sábado, o Criador também *desfrutou* do resultado de seu trabalho. Ele *curtiu* tudo o que ele havia criado, não apenas clicando num botão, mas de fato tendo prazer na obra de suas mãos. Como criaturas feitas à imagem e semelhança do Senhor, somos convidados a imitarmos sua atitude: encontrar um dia de descanso e de desfrute do trabalho que nossas mãos realizaram.

Veja que, essa é uma forma de encarar o tempo e isso não tem nada a ver com ser imediatista ou desacelerado. Enxergamos e vivemos o tempo à maneira de Deus, com espaço para sermos produtivos, mas também com espaço para o descanso.

O descanso do sábado, porém, séculos depois da criação, acabou tornando-se uma ordem, determinada nos dez mandamentos:

> Guardarás o dia de sábado a fim de santificá-lo, conforme o Senhor, o teu Deus, te ordenou. Trabalharás seis dias e neles farás todos os teus trabalhos, mas o sétimo dia é um sábado para o Senhor, o teu Deus. Nesse dia não farás trabalho algum, nem tu nem teu filho ou filha, nem o teu servo ou serva, nem o teu boi, teu jumento ou qualquer dos teus animais, nem o estrangeiro que estiver em tua propriedade; para que o teu servo e a tua serva descansem como tu. Lembra-te de que foste escravo no Egito e que o Senhor, o teu Deus, te tirou de lá com mão poderosa e com braço forte. Por isso o Senhor, o teu Deus, te ordenou que guardes o dia de sábado (Deuteronômio 5:12-15).

Lembramos que os dez mandamentos foram dados pelo Senhor pouco tempo depois da saída libertadora de Israel do Egito. Os mandamentos foram repetidos por Moisés quarenta anos depois, às portas de Canaã, a fim de relembrar o povo da aliança estabelecida com Deus. Veja que nessa segunda menção do quarto mandamento, o sábado está associado não apenas ao descanso deixado como exemplo pelo Criador, mas também à liberdade da escravidão. Qualquer pessoa que trabalha demais, que quer produzir demais num tempo muito curto é, na verdade, um escravo. Quem não consegue descansar é um escravo: escravo do sucesso, do materialismo, das expectativas dos outros. Guardar o sábado não é só ficar sem fazer nada. Trata-se uma declaração de independência[17].

Deus não determinou o descanso como uma forma de desacelerar, de desocupar a mente e dedicar-se a alguma atividade prazerosa. O sábado vai além do descanso do nosso corpo e da nossa mente: é o descanso da alma. Precisamos descansar da ansiedade que vem como consequência da nossa agitação em meio a tantas tarefas e coisas, lutando pela nossa atenção — as quais, na verdade, são uma tentativa de justificar, para nós mesmos, que precisamos nos dedicar a essas coisas para ganhar o dinheiro ou a reputação da qual nos achamos merecedores.[18] (lá vem o Narciso de novo, com seu complexo de "sou o cara e mereço tudo o que quero").

A DIVISÃO DA MENTE

No entanto, só conseguimos abrir mão dessas coisas terrenas e encontrar paz quando descansamos na obra de Cristo em nosso favor, a qual nos garante total cuidado e atenção de Deus. Só assim, descansando no "Senhor do Sábado" (Marcos 2:27-28) podemos deixar para trás a urgência de responder (e exigir resposta) e encontrar descanso verdadeiro para nossa alma (Mateus 11:28).[19]

Nesse ponto, deparamo-nos com outro problema que decorre da doentia relação pós-moderna com o tempo: a ansiedade. Quando as coisas não acontecem quando desejam, as pessoas ficam ansiosas. É o dinheiro que não é depositado no dia previsto, é a mensagem que não é respondida logo depois de ser visualizada, é a chuva que inunda todas as avenidas da cidade e planos do nosso coração.

Segundo a Bíblia, ansiedade é pecado. As Escrituras estão cheias de palavras que nos proíbem de andarmos ansiosos — não para nos sobrecarregar com mais um mandamento, mas para nos levar ao descanso no único que realmente tem poder cuidar de nós e satisfazer nosso coração:

> Portanto, não se *preocupem* com o amanhã, pois o amanhã trará as suas próprias preocupações. Basta a cada dia o seu próprio mal (Mateus 6:34).

> Tenham cuidado para não sobrecarregar o coração de vocês de libertinagem, bebedeira e *ansiedades* da vida e aquele dia venha sobre vocês inesperadamente (Lucas 21:34).

> Não andem *ansiosos* por coisa alguma, mas em tudo, pela oração e súplicas, e com ação de graças, apresentem seus pedidos a Deus (Filipenses 4:6).

ISSO NÃO FUNCIONA

Lancem sobre ele toda a sua *ansiedade*, porque ele tem cuidado de vocês (1Pedro 5:7).

Todas as palavras que ressaltei nos versos anteriores são, em grego, derivadas do mesmo termo: *merimna*, que vem do verbo *merizó*. O sentido primário desse verbo é "dividir; separar em partes; cortar em pedaços".[20] Logo, quem está com *merimna* encontra-se "dividido; separado em partes; cortado em pedaços." A ideia é que a ansiedade e as preocupações colocam a pessoa no meio de um cabo de guerra, sendo puxada para direções opostas.

O Novo Testamento conta a história de uma mulher "merimnada". Trata-se de Marta, em uma noite especial, quando recebeu Jesus em sua casa.

> Caminhando Jesus e os seus discípulos, chegaram a um povoado, onde certa mulher chamada Marta o recebeu em sua casa.
> Maria, sua irmã, ficou sentada aos pés do Senhor, ouvindo-lhe a palavra. Marta, porém, estava ocupada com muito serviço. E, aproximando-se dele, perguntou: "Senhor, não te importas que minha irmã tenha me deixado sozinha com o serviço? Dize-lhe que me ajude!"
> Respondeu o Senhor: "Marta! Marta! Você está preocupada e *inquieta* com muitas coisas; todavia apenas uma é necessária. Maria escolheu a boa parte, e esta não lhe será tirada" (Lucas 10:38-42).

Quando Jesus diz a Marta que ela está "inquieta", a palavra usada é exatamente *merimna*. É como se ele dissesse: "Marta, você está dividida entre muitas coisas, e eu sou *apenas* uma delas." Tudo o que ela tinha de fazer estava deixando-a ansiosa, com a cabeça dividida. Isso é muito perigoso, conforme Tiago nos alerta:

> Peça-a [a sabedoria], porém, com fé, sem duvidar, pois aquele que duvida é semelhante à onda do mar, levada e agitada pelo vento. Não pense tal homem que receberá coisa alguma do Senhor; é alguém que tem mente dividida e é instável em tudo o que faz (Tiago 1:6-8).

Tiago está falando de alguém que precisa de sabedoria e que a pede para Deus, mas, depois, fica duvidando se Deus irá realmente responder a oração dele. A pessoa fica *ansiosa*, dividida pela dúvida.

O que a ansiedade causa? Ela nos leva a resolver as situações por nossa própria conta, sem esperar o andar natural das coisas, nem mesmo o agir de Deus como resposta à oração. Como a onda do mar, que Tiago menciona, a ansiedade nos faz ir para frente e para trás, mudando de ideia a cada instante. Para cada "E se...?" que surge, pensamos numa solução diferente. A grande tragédia de agir assim, além do próprio fato de estar sempre em alerta e nunca em paz, é que quem vive assim não "receberá coisa alguma do Senhor" porque, em última análise, não confia nele. Apesar de orar e pedir a intervenção do Senhor, o ansioso o vê como *mais um* dos recursos possíveis, e pretende tentar outras saídas enquanto o Senhor não age. É como ficar mudando de canal no controle remoto freneticamente enquanto o programa que você está assistindo está nas propagandas comerciais.

O que devemos fazer para resolver o problema da mente dividida?

Jesus explica que "apenas uma coisa é necessária." Devemos calibrar nossa mente para sintonizar apenas em Cristo. Só ele é necessário. Marta quis se ocupar de várias coisas, ficando preocupada se teria ou não tempo e condições para receber o Messias, mas foi Maria quem entendeu o que realmente precisava ser feito. Não era correr atrás da sobremesa e nem de lençóis para o quarto de hóspedes, mas ter tempo para estar aos pés do Mestre, ouvindo-o. A mente de Maria não estava dividida. Estava totalmente concentrada na única coisa necessária. Essa era a melhor parte daquela noite, e não o jantar ou a conversa à roda da mesa antes de ir para a cama, mas ficar sentada no chão, bebendo cada palavra que Jesus dizia. E Jesus garantiu que ninguém iria roubar esse tempo dela.

Esse é um desafio enorme para nós que vivemos num mundo a 200 km/h, fazendo *zilhões* de coisas ao mesmo tempo. Queremos aproveitar cada instante para resolver tantas coisas que nossa vida com Jesus se torna apenas mais uma delas. Isso vai dividindo nossa mente de pedacinho em pedacinho, tornando-nos cada vez mais ansiosos.

Em resumo, desconformar-se do mundo requer desconformar-se da maneira que a cosmovisão pós-moderna nos ensinou a tratar o tempo.

Os gregos possuíam pelo menos duas palavras para se referirem ao tempo. Uma delas é *chronos*, era usada para falar do passar do tempo, da sucessão de eventos dentro do sistema espaço-temporal em que vivemos.[21] Esse tempo "cronológico" era entendido, às vezes, como algo destrutivo, devido à sua associação com o mitológico Cronos. Cronos era rei dos titãs, pai de Zeus e deus do tempo. Ele viveu assombrado por uma profecia de que seus filhos acabariam destronando-o. Assim, para não correr o risco de perder o poder, o titã engolia cada recém-nascido. Por fim, Zeus, salvo pela mãe, conseguiu derrotá-lo.[22]

A outra palavra grega para tempo é *kairós*. Ela era usada para definir o tempo como oportunidade, o momento certo de fazer alguma coisa.[23] *Kairós* passou a ser associado como o tempo do Deus Vivo, que interferiu na história para salvar todas as pessoas por meio do sacrifício de seu próprio filho. Viver o *kairós* é saber que há "os tempos e as datas que o Pai estabeleceu pela sua própria autoridade" (Atos 1:7) e, por isso, o que nos resta é descansar no controle e no cuidado desse Pai. Isso só é possível quando nos tornamos cada vez mais íntimos de Deus e sabemos que tudo está no controle dele.

REFORMANDO A MENTE

As duas dicas que quero deixar para este capítulo, a fim de nos desconformarmos do imediatismo e do pragmatismo, foram extraídas do livro *Celebração da Disciplina*,[24] de Richard Foster (meu xará!). Trata-se de uma obra bem marcante que ensina o leitor a aproximar-se mais de Deus e distanciar-se da mentalidade deste século, por meio de "disciplinas" — práticas cristãs como a oração, o jejum e o estudo bíblico. As duas práticas que apresento aqui são menos conhecidas, mas igualmente necessárias para nos desconformarmos do presente século.

1. Pratique a meditação

A meditação acabou sendo considerada uma prática oriental, meio zen-budista cujo objetivo é esvaziar a mente e entrar em contato com o universo. Já existem outras práticas, como o *mindfullness* (em português, "atenção plena") cujo objetivo não é esvaziar a mente, pelo contrário, deve-se colocar toda a atenção no que estamos vivendo e sentindo naquele momento, sem fazer julgamento. Em vez de buscar algo como o nirvana, o foco é estar plenamente presente no aqui e agora[25].

Bem, meditação cristã não é uma coisa nem outra, graças a Deus. O objetivo dela é esvaziar a mente das coisas terrenas que nos preocupam no presente para enchê-la com a verdade eterna de Deus.

Em *Celebração da Disciplina*, Foster afirma que não é possível aprender a meditar por meio de um livro — assim como é impossível aprender a nadar à beira da piscina, lendo um manual técnico. Portanto, as seguintes dicas, extraídas do livro de Foster, são *apenas* um guia para ajudar você a encher sua mente de "tudo o que for verdadeiro, tudo o que for nobre, tudo o que for correto, tudo o que for puro, tudo o que for amável, tudo o que for de boa fama, se houver algo de excelente ou digno de louvor" (Filipenses 4:8). Com a prática, você pode se assemelhar ao homem que encontra prazer meditando na Palavra de Deus dia e noite (Salmos 1:1).

a. **Separe momentos específicos para a meditação**. Meditar em Deus e em sua Palavra não é algo que pode ser encaixado numa folguinha da sua agenda. Se você entende a importância disso, entenderá também que essa prática merece um tempo especial, totalmente reservado a ela. Isaque, por exemplo, costumava meditar "ao cair da tarde" (Gênesis 24:63), enquanto o autor do salmo 119 o fazia durante as "vigílias da noite" (v. 148). Como somos pouco acostumados à meditação, Foster recomenda que comecemos pouco a pouco, iniciando com períodos de cinco a dez minutos, e aumentando o tempo gradativamente.

b. **Escolha um lugar específico para a meditação**. Defina um local calmo, livre de interrupções. É bom ter um espaço determinado, em vez de ficar cada dia procurando um cantinho. Aliás, não leve o celular com você — celulares não meditam, eles atrapalham.

c. **Posicione-se de maneira confortável**. Sim, sua postura também é importante. A Bíblia fala de diversas posturas de meditação, desde ficar em pé até prostrar-se totalmente no chão. Você pode ficar ajoelhado ou sentado, não importa. O ideal é que sua postura não se torne uma distração ou empecilho que atrapalhe a meditação.

d. **Comece aos poucos**. Agora, sim, vamos à meditação propriamente dita. A sugestão é começar com o primeiro passo, acrescentando os outros pouco a pouco, à medida que você estiver mais acostumado a meditar:

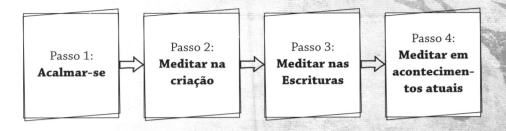

- *Passo 1*: **Acalmar-se**. Comece seu momento de meditação acalmando-se, ou seja, ficando quieto e longe de distrações. Foster sugere um jeito prático e interessante de fazer isso: volte a palma das mãos para cima, simbolizando as preocupações que você possa ter no momento e que quer transferir para Jesus — pode ser um problema de família, ou até o medo de ir a um médico. Após pronunciá-las e entregá-las a Cristo, vire a palma das mãos para baixo, simbolizando o que você gostaria de receber de Jesus — nada de coisas "compráveis", mas virtudes como amor, perdão, alegria ou paz. Nos primeiros dias de prática meditativa, permaneça em silêncio até o fim do tempo que você determinou para a meditação — se você determinou 5 minutos e se passaram apenas 2, permaneça os outros 3 em silêncio. Depois que estiver acostumado a essa prática de acalmar-se, você pode inserir o passo 2 em seu tempo de meditação, para estendê-lo um pouco mais.
- *Passo 2*: **Meditar na criação**. Depois de se acalmar, medite por alguns minutos em algum aspecto da criação que mais tocar seu coração: chuva, mar, árvores, animais. Pondere sobre como essa criação reflete a grandeza e criatividade do Criador. Depois de alguns dias praticando esse passo, acrescente o passo 3 e estenda seu tempo meditativo por mais alguns minutos.
- *Passo 3*: **Meditar nas Escrituras**. Você pode fazer esse passo de duas formas. O primeiro é escolhendo um evento ou parábola das Escrituras — como a saída do Egito ou a história do bom samaritano, por exemplo — e imaginar-se vivendo essa cena. Imagine o rosto das pessoas, o barulho do ambiente, o sol sobre sua cabeça. Mas não seja apenas um observador da cena, participe dela! Como seria estar com os israelitas, ceando o cordeiro pascal com tensão, enquanto o Anjo do Senhor andava

pelo silêncio da noite, trazendo morte aos primogênitos? Ou qual a sensação de Maria e das outras mulheres ou entrarem no túmulo e descobrirem-no vazio?

A segunda maneira de meditar nas Escrituras é escolhendo um versículo ou pequeno trecho e deixar que ele crie raízes em você. Saboreie cada palavra, nascida diretamente dos lábios do Senhor. Resista à tentação de examinar muitas passagens, pois isso será superficial. Atenha-se a uma só. "A pressa reflete nosso estado interior, e é este estado que precisa ser transformado", escreveu Foster.

- *Passo 4.* **Meditar em acontecimentos atuais**. Esse é o último passo a ser acrescentado em sua prática meditativa. Trata-se de avaliar eventos de nosso mundo à luz da revelação de Deus em sua Palavra, e buscar perceber o significado disso na história que o Senhor está escrevendo. Pode ser algo de proporção local, em sua cidade, ou um acontecimento mundial. Foster entende que "seria bom que levássemos os eventos de nosso tempo à presença de Deus e pedíssemos visão profética para discernir o rumo que esses acontecimentos tomam".

e. Encerre. Finalize o tempo de meditação com uma expressão autêntica de ação de graças.

2. Pratique a solitude

A disciplina da solitude fala diretamente à tendência pós-moderna de preencher todos os *enquantos* da vida cotidiana. É engraçado perceber que a solitude tão incomum em nosso mundo pós-moderno que todas as vezes que digito essa palavra em meu notebook, aparece o grifo da revisão ortográfica, indicando que ela não existe no dicionário.

Muitos confundem o conceito de solidão com o de solitude, mas elas não são iguais. Enquanto solidão é simplesmente ficar sozinho, o objetivo da solitude é desenvolver um silêncio interior que nos permita ouvir a voz de Deus; um tempo de silêncio profundo para ouvir os seus mandamentos e direcionamentos para nossa vida.

Isso, a princípio, significa fugir do burburinho sonoro e visual que nos cerca — e que, de certa forma, nós mesmos buscamos! Parece que um dos temores dos dias atuais é estar sozinho. "Nosso medo de ficar sozinhos impulsiona-nos para o barulho e para as multidões", escreve Foster. E quando não há multidões — o que é raro, com o celular apitando a cada nova mensagem nas redes sociais — plugamos os ouvidos num fone ou ligamos a TV para termos companhia.

Porém, essa não é a única alternativa. Embora Deus nos tenha criado para viver em comunidade, isso não significa que devamos estar conectados a outras pessoas o tempo todo. Jesus foi a pessoa que mais se ligou e se dedicou aos outros; ele vivia espremido pelas multidões. Mesmo assim, praticou a solitude, tornando-se nosso maior exemplo: ele começou seu ministério no deserto (Mateus 4:1-11); ficou sozinho antes de escolher os doze (v.13); fugia da multidão para estar sozinho (Lucas 5:16) e incentivou os discípulos a fazerem o mesmo (Marcos 6:31).

Nosso dia a dia agitado e nossa ansiedade por nunca querer ficar só têm nos privado dessa prática fundamental. Richard Foster propõe alguns passos para resgatarmos essa prática crucial para nossa vida e saúde espiritual.

Em primeiro lugar, devemos buscar o silêncio: "sem silêncio não há solitude". Ficar em silêncio não significa apenas não dizer nada, mas principalmente aprender a ouvir. Saber controlar a língua — aprender quando falar e quando calar, quando postar e comentar e quando não dizer nada — é a chave do silêncio, e não apenas o ficar quieto. Ficar quieto quando se deveria falar é tão errado quanto falar no momento de estar calado. Nas palavras do sábio Salomão: "A palavra proferida no tempo certo é como frutas de ouro incrustadas numa escultura de prata" (Provérbios 25:11).

Em outro lugar, Salomão ensina que "Quem se aproxima para ouvir é melhor do que os tolos que oferecem sacrifício sem saber que estão agindo mal" (Eclesiastes 5:1). Já vimos neste capítulo que sacrifícios não apagam más escolhas; e o mesmo vale aqui. Ficar só ouvindo é melhor que tentar consertar palavras ditas erroneamente. Por isso, Salomão segue advertindo: "Não seja precipitado de lábios, nem apressado de coração para fazer promessas diante de Deus. Deus está nos céus, e você está na terra, por isso, fale pouco" (Eclesiastes 5:2).

Foster relembra o dia em que Jesus levou Pedro, Tiago e João para um monte, no qual foi transfigurado diante deles. Moisés e Elias apareceram ali e conversavam com Jesus. Pedro, em vez de ficar quieto, "[tomou a palavra] e disse: Mestre, bom é estarmos aqui e que façamos três tendas" (Marcos 9:5). Ninguém estava falando com Pedro, mas ele "tomou a palavra" e disse uma grande bobagem.

Assim, o segundo passo no exercício da solitude é controlar o que você diz. Foster afirma que a *língua é um termômetro* que *diz* qual é nossa temperatura espiritual; mas que também funciona como um termostato e *controla* nossa temperatura espiritual.

Em sua pequena carta, Tiago nos adverte da importância de controlar a língua, e como seu uso descontrolado pode ter efeitos devastadores (Tiago 3:1-12). Aprendendo a controlá-la, evitamos oferecer o "sacrifício de tolos" que Salomão menciona, e caminhamos na direção de sermos perfeitos, pois quem consegue controlar a língua "também é capaz de dominar todo o seu corpo" (Tiago 3:2).

Assim, falemos pouco, buscando palavras que sejam significativas e claras. Foster sugere que tentemos viver um dia inteiro sem dizer nada, como um experimento. Ele escreve: "Note seus sentimentos de desamparo e excessiva dependência das palavras para comunicar-se. Procure encontrar novos meios que não dependam de palavras para relacionar-se com outros. Aproveite, saboreie o dia. Aprenda com ele."

O último passo na prática da solitude é esvaziar todos os *enquantos* do nosso dia a dia, os quais enchemos com aplicativos de música, jogos e mensagens do nosso celular. Temos de aprender a apreciar o tempo "vazio", apreciá-lo como um respiro entre uma atividade e outra. "Muitas vezes perdemos esses pequeninos lapsos de tempo. Que pena! Eles podem e devem ser redimidos. São momentos para silêncio interior, para reorientar nossas vidas como o ponteiro de uma bússola. São pequenos momentos que nos ajudam a estar genuinamente presentes onde estamos."

Deixo esse desafio para você: trocar a solidão pela solitude e experimentar a maravilhosa companhia de Jesus, por meio do Espírito Santo. Na verdade, ainda que haja uma multidão de amigos no Facebook ou no Twitter, ainda que sejamos famosos e populares, sem Cristo estaremos sempre vazios e sozinhos.

UM PASSO ALÉM DO DESCONFORMISMO

UM PASSO ALÉM DO DESCONFORMISMO

Existem muitos outros "ismos" que poderiam fazer parte desse livro, mas então, não seria um livro, seria uma enciclopédia. Para não correr o risco de que este livro deixasse de ser "lível", escalei os "ismos" que considero serem os mais centrais em nossa sociedade pós--moderna. Em meu entender, eles são a "alma" da pós-modernidade, as principais características que definem a cosmovisão deste século. Existem outros elementos secundários e, no futuro, ainda vão surgir mais alguns.

Caberá, então, a você mesmo identificá-los e reformar a mente diante deles. Como fazer isso?

Não há segredos — foi isso o que fizemos ao longo de todo este livro. Muito mais que oferecer informações, quero dar-lhe ferramentas que o ajudem a pensar e tirar suas próprias conclusões em relação a qualquer moda que surja em nossa sociedade tão instável.

O esquema que proponho possui três passos. Não tenho qualquer pretensão de apresentá-los como o *Guia definitivo para se desconformar geral* ou como *Reforma da mente em três passos*. Atrevo-me a oferecê-los como um ponto de partida. O trabalho pesado será feito pelo nosso Conselheiro perfeito, o Espírito do próprio Deus, que o guiará a toda verdade (João 16:13).

PASSO I: ABSORVER A VERDADE

O pontapé é entender a cosmovisão que Deus, por meio da Bíblia, ensina como sendo a situação real do mundo. Se você se lembra do que discutimos na introdução, *cosmovisão* é a lente pela qual enxergamos o mundo e ela determina nossas escolhas mais profundas. A Bíblia oferece uma cosmovisão, e todas as épocas e culturas têm oferecido, ao longo da história, cosmovisões alternativas.

Embora sejam diferentes, toda cosmovisão procura lidar com três questões centrais: criação, queda e redenção. A Bíblia oferece suas respostas e o mundo, as respostas dele. É claro que as respostas do mundo vão mudar com o passar do tempo; o que a Palavra de Deus afirma, entretanto, permanece para sempre (Isaías 40:8).

Dessa forma, se soubermos bem qual é a cosmovisão apresentada pela Bíblia, conseguiremos perceber quando nossa sociedade oferece uma opção *diferenciada* da verdade. Em vez de gastar tempo aprendendo cada detalhe das visões de mundo falsificadas, você pode se dedicar a conhecer a versão oficial, registrada e assinada pelo próprio Autor da história.

Conta-se que em determinada época da história dos Estados Unidos, o número de cédulas falsificadas era tão grande que os bancos tinham muita dificuldade em reconhecê-las, pois novas falsificações surgiam a cada dia. Certo gerente, então, decidiu que seria melhor treinar sua equipe, mostrando-lhe as características de uma nota de dólar verdadeira. Eles passaram bastante tempo com a nota, reconhecendo as marcas d'água, as pequenas impressões, seu peso, seu cheiro — e alguns resolveram experimentar até seu sabor! Quando o treinamento terminou, o gerente resolveu aplicar um teste-surpresa à equipe: incumbiu-a de acompanhar a chegada de um lote de notas, no meio do qual havia sido plantada uma cédula falsa. Assim que avistaram a nota falsa, logo a identificaram. Não foram capazes de explicar tintim por tintim o que a tornava uma cédula falsa, mas sua experiência lhes permitiu detectar que aquela nota não era a verdadeira.

Da mesma forma, se você se aprofundar no conhecimento da verdade ou, melhor dizendo, da Verdade, será capaz de identificar as cosmovisões falsas.

A seguir estão os três pontos de uma cosmovisão (mais uma vez, não se esqueça: TODAS as cosmovisões têm de responder esses pontos, não apenas a cristã. A diferença é que o cristianismo possui uma resposta consistente e à prova do tempo, enquanto cada século apresenta uma resposta diferente). Como fiz na introdução, os pontos estão detalhados

UM PASSO ALÉM DO DESCONFORMISMO

em perguntas e, aqui, coloco as respostas. Antes de prosseguirmos, uma observação: as respostas que apresento estão um tanto simplificadas. Poderíamos nos aprofundar mais na exploração de cada pergunta, mas dessa forma, perderíamos o aspecto prático com o qual gostaria de tratar este ponto. Ative-me, então, ao essencial.

1. **Criação**: Como tudo começou? De onde viemos? Qual é o nosso propósito?
   O Deus trino, com sua palavra e seu poder, criou o mundo a partir do nada, num espaço de seis dias. Toda a criação era originalmente muito boa, de acordo com a opinião do próprio Deus (Gênesis 1; Romanos 1:20; Atos 17:24). De todas as criaturas, o ser humano foi o único criado à imagem e semelhança do Criador (Gênesis 1:26-27), tendo a lei de Deus escrita em seu coração (Romanos 2:14-15). Toda a criação, incluindo o ser humano, foi feita para a glória de Deus (Romanos 11:36; Colossenses 1:16). Somente em Deus o homem encontra o sentido e o prazer de sua existência (Salmos 73:25-26).

2. **Queda**: O que deu errado? Qual a fonte de todo mal e sofrimento?
   O primeiro homem e a primeira mulher, seduzidos pela tentação de Satanás, rebelaram-se contra o Criador e pecaram, comendo do fruto proibido (Gênesis 3:13). Devido a esse pecado, eles decaíram da sua retidão original e da comunhão com Deus e se tornaram inteiramente corrompidos em todas as suas faculdades. Dessa corrupção original procedem todas as transgressões atuais (Gênesis 2:17, 6:5; Romanos 3:10-18,23). Como o primeiro casal representava toda a humanidade, sua natureza corrompida foi transmitida a todos os seres humanos. (Romanos 5:17-19).

3. **Redenção**: O que fazer a esse respeito? O que pode ser feito para consertar definitivamente esse erro?
   Uma vez que todo e qualquer pecado é uma ofensa contra o próprio Deus e sua lei, a justiça divina requer que cada um pague pelo seu pecado, o que implica morte eterna do ser humano (Romanos 6:23). No entanto, por puro amor e misericórdia, Deus designou um Redentor para morrer em nosso lugar para que, crendo nele, pudéssemos viver e ser reconciliados com Deus (João 3:16). Esse

Redentor é Jesus Cristo, o eterno Filho de Deus, por meio de quem o Criador tornou-se homem e pagou, ele mesmo, a pena do pecado (1Timóteo 2:5). A morte e a obra de Cristo são o início da redenção e da renovação de toda a criação decaída a qual, no fim dos tempos, será totalmente restaurada para seu próprio bem e para a glória do Senhor (Colossenses 1:19-20).[1]

Essa é a verdade eterna e imutável sobre todas as coisas que existem. Toda e qualquer visão de mundo deve ser confrontada com essa verdade sobre a origem, o problema e a solução da vida humana (e de todo o universo).

Cabe a você interiorizar essa verdade. Não digo para memorizar ponto por ponto, resposta por resposta, como se fosse fazer uma prova na faculdade, mas para *absorver* cada frase em seu coração e entender sua própria vida e existência à luz dessa cosmovisão. Afinal, se ela é a verdade eterna e imutável sobre todas as coisas, certamente é a verdade eterna e imutável sobre *você* também.

PASSO 2: CONHECER O SEU SÉCULO

Esse segundo passo pode parecer uma contradição do primeiro, mas, na verdade, é um complemento. Quando estamos imersos na Palavra de Deus e temos a cosmovisão da Bíblia dentro de nós, podemos olhar e entender como o presente século funciona. Afinal de contas, não vivemos isolados numa bolha espiritual, mas vivemos e nos movemos dentro de uma sociedade e de uma cultura.

Quando Davi ainda era um jovem fugitivo no reino de Saul, ele se escondeu no deserto. Lá, foram ao seu encontro muitos israelitas das mais diversas tribos. Cada tribo possuía habilidades diferentes: os de Benjamin eram hábeis flecheiros; os de Gade eram guerreiros treinados em combate com escudo e lança; os de Manassés eram valentes e lideravam os grupos de ataque. Porém, havia uma tribo com um "poder" diferenciado que não era força física nem habilidade marcial. Tratava-se da tribo de Issacar, cujos integrantes destacavam-se por serem homens que "sabiam como Israel deveria agir em qualquer circunstância" (1Crônicas 12:32).

Essa é uma capacidade muito valiosa, e podemos ver pela história do reinado de Davi que, ter bons conselheiros que sabiam como agir em qualquer situação, foi tão vital para o fortalecimento do reino quanto possuir guerreiros habilidosos.

O Reino de Deus também precisa de pessoas que conheçam os desafios da cultura e saibam como agir em meio a essas situações. Por isso, o passo depois de absorver a cosmovisão cristã é conhecer a cultura. Note a diferença entre *absorver* e *conhecer*. Absorver requer uma interação profunda, e é isso que devemos procurar ter com a Palavra; ao passo que o conhecimento da cultura pode se dar com uma observação crítica.

De certa forma, nós já conhecemos a cultura em que vivemos. Sabemos o significado de gestos, de entonações de voz, de comportamentos e navegamos bem entre eles. Notamos rapidamente alguém que não pertence à nossa cultura, antes mesmo de ouvir seu sotaque. Suas roupas, seu corte de cabelo, seu jeito de andar denunciam que ele não é daqui.

No entanto, ser estrangeiro tem um ponto positivo: ele consegue observar a cultura de fora. É isso que precisamos fazer. Olhar nossa cultura como se não fizéssemos parte dela. Isso nos possibilita ver quais comportamentos e atitudes são traços culturais, e quais são consequência do pecado. Falamos um pouco sobre isso no capítulo 3, quando tratamos dos ídolos da cultura.

Como dar esse passo para trás? Olhando a sociedade e a cultura a partir da Bíblia. Você pode aplicar as perguntas da cosmovisão ao seu contexto imediato — seu ambiente de estudo, de trabalho, seu bairro, etc. — e confrontar as respostas com as respostas da Bíblia. Qual é o propósito da vida das pessoas com as quais você convive? Qual é, na opinião delas, o problema do mundo (ou da escola, do trabalho, da cidade, etc.) e como ele pode ser consertado? Essas perguntas revelam o que as pessoas pensam sobre a vida e sua própria existência. E as respostas podem apontar para coisas que, de certa forma, influenciam até mesmo você.

PASSO 3: CONTRA-ATACAR

Como cristãos, não podemos viver alienados à cultura que nos cerca, fazendo de conta que fomos vacinados por um vírus sagrado que nos protege de todas as influências externas. Não! Em sua oração sacerdotal, Cristo foi claro quando pediu ao Pai, em relação aos discípulos de todas as eras, que não os tirasse do mundo, mas que os livrasse do mal (João 17:15).

Jesus nunca pretendeu que seu povo se afastasse da sociedade. Ele quer que sejamos separados espiritualmente deles, de seus princípios ("separado" é o significado primário da palavra *santo*, no hebraico do Antigo Testamento), mas que vivêssemos em santidade *no* mundo. Ele não quer um exército de alienígenas. Ele salvou *pessoas* para que elas expandissem, juntamente com ele, seu reino eterno, alcançando outras *pessoas*.

Esse é o passo final que tem de ser dado além do desconformismo, o grande contra-ataque: o *evangelismo*. Podemos dizer que ele é o "ismo" bíblico que responde a todos os outros "ismos" pós-modernos.

O objetivo final e supremo de absorver a cosmovisão cristã e conhecer a cultura não se resume a não se conformar aos padrões do mundo, mas ter as melhores condições de apresentar o evangelho salvador à nossa sociedade.

Acredito que isso seja de valor fundamental para o mundo pós-moderno, pois, mais do que qualquer outro, ele se distancia a passos velozes do conhecimento de Cristo. Dissemos que cada época apresenta desafios únicos para o discípulo de Jesus — e isso é verdade. O desafio da era pós-moderna, porém, está centrado na própria erosão dos conceitos de Deus e de verdade, e da crença na autoridade da Bíblia.

Não chegamos a esse ponto da noite para o dia. Sem que se percebesse, nossa sociedade tem sido "vacinada" contra o conceito de Deus.

Como a vacina funciona? Ela introduz no corpo uma forma enfraquecida de um vírus ou bactéria que estimula a produção de anticorpos pelo sistema imunológico. Isso torna a pessoa imune em caso de contrair a forma total e potente da doença.

Da mesma forma, a sociedade pós-moderna — que, por muitos, é chamada de *pós-cristã* — desenvolveu uma resistência única contra o cristianismo total e potente. Por séculos, ela foi submetida a versões enfraquecidas do que é ser cristão — das cruzadas à inquisição, da cristianização forçada de indígenas ao silêncio (ou até apoio, nos piores casos) diante da escravidão e segregação de negros.

E uma sociedade pós-moderna como a nossa, a maioria das pessoas conhece apenas essa versão "Nutella" do cristianismo, totalmente destituída do poder e da graça que acompanharam seus primeiros defensores, possuidores da "simpatia de todo o povo" (Atos 2:47). Hoje,

UM PASSO ALÉM DO DESCONFORMISMO

infelizmente, o que está na vitrine da sociedade é um cristianismo nominal ou legalista. Nem um nem outro é o verdadeiro. Mesmo assim, a exposição às formas enfraquecidas criou uma espécie de "anticorpo espiritual" que tornou as pessoas de nossa geração extremamente resistentes ao evangelho. E esses anticorpos estão por toda parte.[2]

É por isso que o desconformismo torna-se tão importante. Por um lado, ele impede que também nos tornemos resistentes ao evangelho. Por outro, ele nos capacita a saber em que pontos a nossa atitude diferente pode causar um impacto real em nossa cultura.

Em 1959, no fim do Modernismo, o famoso pregador britânico Martyn Lloyd-Jones fez uma série de pregações sobre reavivamento. Uma delas foi baseada em Marcos 9, no episódio seguinte à transfiguração de Jesus, quando ele desce à planície e encontra seus discípulos tentando, sem sucesso algum, exorcizar um demônio de um garoto. Jesus se adiantou e libertou o menino da presença demoníaca. Mais tarde, já em casa, seus discípulos lhe perguntam: "Por que não conseguimos expulsá-lo?" Jesus respondeu: "Essa espécie só sai pela oração e pelo jejum" (vs. 28-29). Jesus ensinou seus discípulos que seus métodos comuns não funcionavam para aquela "espécie" de demônio.

Em sua pregação, Lloyd-Jones comparou o mundo ao menino, e os discípulos à igreja. Assim como o poder que os discípulos possuíam — o qual fora capaz de expulsar demônios mais fracos — não tinha valor no caso daquele menino, a abordagem evangelística da igreja — que fora eficaz em outras épocas — não funcionava mais. Antigamente, dizia Lloyde-Jones, "não se negava, de maneira generalizada, a verdade cristã. As pessoas apenas não se preocupavam em praticá-la. Tudo o que você tinha de fazer era acordá-los e levantá-los." Mas, nos dias em que pregava, a crença em Deus havia quase que acabado. "O homem comum de hoje acredita que todas essas crenças sobre Deus, religião e salvação são um peso importado à natureza humana ao longo dos séculos. Não é meramente mais uma questão de moralidade."[3]

Se isso era verdade no fim do Modernismo, o que diremos hoje, seis décadas depois? Se queremos impactar nossa sociedade de modo real, temos de conhecer a "espécie" de resistência que ela oferece ao evangelho, e responder à altura. A Bíblia é a chave para todas as questões da vida humana, mas não podemos cair no erro de oferecer as respostas que ninguém está perguntando. Quando nos dedicamos a conhecer, de verdade, a nossa cultura e os reais anseios e angústias de nossos contemporâneos, podemos abordá-los com respostas relevantes e lhes apontar o caminho à fonte eterna de prazer e satisfação, Jesus Cristo.

Perdemos relevância como igreja justamente quando deixamos de nos desconformar e nos tornamos amostras fracas do poder transformador do evangelho. Nas palavras do teólogo Francis Schaffer:

> O problema central de nossa era não é liberalismo ou modernismo, nem o velho catolicismo romano ou o novo catolicismo romano, nem a ameaça do comunismo, nem mesmo a ameaça do racionalismo e o consenso monolítico que nos rodeia [nem, devo acrescentar hoje, o pós-modernismo ou o consumismo materialista, ou o sensualismo visceral ou qualquer outra coisa]. Tudo isso é perigoso, mas não é a ameaça primária. O problema real é este: a igreja do Senhor Jesus Cristo, individual ou coletivamente, tendendo a realizar a obra do Senhor no poder da carne em vez do Espírito. O problema central está sempre em meio ao povo de Deus, e não nas circunstâncias que os rodeiam.[4]

Se olhamos para o mundo como o verdadeiro problema da igreja, perdemos o ponto. Fomos chamados para testemunhar de Jesus ao mundo e no mundo. Se entendemos que o mundo sem Cristo é uma grande pedra no nosso sapato, ainda que nos mantenhamos separados dele, não conseguiremos ser sal e luz, porque jamais sairemos do saleiro ou brilharemos além do vidro da lâmpada.

A Bíblia nos conta de um homem que viu o mundo como um problema para desempenhar seu chamado. E tratava-se de um profeta! Você conhece muito bem esse camarada: é Jonas.

Algumas características negativas marcam a jornada de Jonas. A primeira foi achar que era capaz de determinar seu próprio destino. Deus havia dado uma clara ordenança ao profeta; no entanto, ele decidiu não fazer aquilo que Deus o mandara fazer. No começo do livro, não entendemos muito bem se Jonas estava com medo dos ninivitas, com preguiça de viajar ou se ele não se achou à altura de cumprir um chamado tão sério. No fim do livro, porém, é revelado o motivo pelo qual Jonas não quis obedecer:

SENHOR, não foi isso que eu disse quando ainda estava em casa? Foi por isso que me apressei em fugir para Társis. Eu sabia que tu és Deus misericordioso e compassivo, muito paciente, cheio de amor e que promete castigar mas depois se arrepende. Agora, SENHOR, tira a minha vida, eu imploro, porque para mim é melhor morrer do que viver (Jonas 4:2-3).

O que motivou Jonas a fugir não foi medo ou preguiça, mas não querer que sua mensagem salvasse a cidade. Ele odiava Nínive, pois seus habitantes eram pagãos, idólatras, cruéis e impiedosos. Ele não queria dar a esse povo a oportunidade de experimentar o arrependimento e a mudança de vida. Não queria se misturar com a gentalha. Sabia muito bem em que pontos a cosmovisão ninivita se diferenciava da cosmovisão bíblica.

Mas também conhecia a Deus (ou achava que conhecia) e acreditava que o Senhor era uma manteiga derretida. Ele iria mudar de ideia assim que os ninivitas se arrependessem. Assim, Jonas pensou ser possível que todos os ninivitas fossem condenados e destruídos por Deus se não tivessem a oportunidade de ouvir a mensagem de confronto.

Nós, também, muitas vezes fugimos de nosso chamado, não somente por egoísmo, mas porque não queremos que outros sejam abençoados por nós. Cremos que determinadas pessoas não merecem o perdão de Deus e sua graça salvadora; possuem uma cosmovisão deturpada demais, pecaram de forma incorrigível, não são dignos de ter acesso ao Deus santíssimo.

Se apenas apontamos para os defeitos de nossa cultura e de sua cosmovisão e concluímos que são pecadores miseráveis, estamos nos esquecendo de onde *nós* viemos. Também caímos nos mesmos erros: se não fosse a graça do Pai, o sacrifício do Filho e o agir regenerador do Espírito, teríamos a mesma maneira de pensar e viver das pessoas que nos cercam.

Conhecer para alcançar é a prova de que entendemos bem a cosmovisão cristã. Ela nos ensina que Cristo quer regenerar todas as coisas — e que nos escolheu como mensageiros dessa boa notícia. Nosso maior desejo deve ser que o mundo inteiro conheça essa mesma graça que nos foi estendida e conheça, enfim, a Verdade que liberta.

O livro de Jonas termina com uma pergunta de Deus a qual fica sem resposta:

Mas o Senhor lhe disse: "Você tem pena dessa planta, embora não a tenha podado nem a tenha feito crescer. Ela nasceu numa noite e numa noite morreu. Contudo, Nínive tem mais de cento e vinte mil pessoas que não sabem nem distinguir a mão direita da esquerda, além de muitos rebanhos. Não deveria eu ter pena dessa grande cidade?" (Jonas 4:10-11).

A falta de resposta não se trata de um erro do copista. O texto termina com uma interrogação porque se pretende que a pergunta ecoe ao longo dos séculos, exigindo do povo de Deus, em cada época, uma resposta. Você e eu também temos de respondê-la. Por isso, encerro este livro com uma paráfrase da pergunta do Senhor a Jonas: "O mundo, hoje, é formado por mais de sete bilhões de pessoas que não sabem nem distinguir a mão direita da esquerda, além de muitos animais (e plantas e belezas naturais). Não deveria eu ter pena desse grande planeta azul?" Não fuja desta pergunta. Você faz parte da resposta.

NOTAS

Introdução

[1] Bruce, F. F, *João: introdução e comentário*, p. 268.

[2] Essas perguntas foram baseadas no livro de Nancy Pearcey sobre cosmovisão, *Verdade absoluta*, p. 28.

[3] Idem, p. 114.

[4] Kieran Beville, "Understanding postmodernism", p. 12.

[5] Idem, p. 13.

[6] Vocábulo "aión", BibleHub.com.

[7] Nancy Pearcey, *Verdade absoluta*, p. 63.

[8] Idem, p. 27.

[9] Nancy Pearcey, "O que aconteceu com a mente cristã?" Disponível em < https://www.youtube.com/watch?v=sbJyh1X9cp4>. Acessado em 6 de dezembro de 2016.

Capítulo 1

[1] "Ciência desvenda mistério do vestido que 'muda de cor'." Disponível em <www.bbc.com/portuguese/noticias/2015/02/150227_vestido_azul_gch_lab>. Acesso em 6 de janeiro de 2017.

[2] De acordo com o filósofo Friedrich Nietzsche, citado por Nancy Pearcey em "Hegel's Deity: how evolution gave us postmodernism, deconstructionism, and political correctness." Disponível em

<www.evolutionnews.org/2015/03/hegels_deity_ho094761.html>. Acesso em 3 de janeiro de 2017.

[3] "Word of the Year 2016 is..." Disponível em <en.oxforddictionaries.com/word-of-the-year/word-of-the-year-2016>. Acesso em 26 de janeiro de 2017.

[4] Nancy Pearcey, *Verdade absoluta*, p. 23.

[5] Idem.

[6] "O novo retrato da fé no Brasil." Disponível em <istoe.com.br/152980_O+NOVO+RETRATO+DA+FE+NO+BRASIL/>. Acesso em 14 de dezembro de 2016.

[7] "Não acredita em Deus? As pessoas vão te julgar (para pior)." Disponível em <exame.abril.com.br/brasil/nao-acredita-em-deus-as-pessoas-vao-te-julgar-para-pior/>. Acesso em 14 de dezembro de 2016.

[8] "Cresce número de pessoas sem religião, dizem especialistas do RS." Disponível em <g1.globo.com/rs/rio-grande-do-sul/noticia/2014/02/cresce-numero-de-pessoas-sem-religiao-dizem-especialistas-do-rs.html>. Acesso em 14 de dezembro de 2016.

[9] "O novo retrato da fé no Brasil."

[10] "Não acredita em Deus?"

[11] "Cresce número de pessoas sem religião."

[12] Nancy Pearcey, *Verdade absoluta*, p. 48.

[13] Os Guiness, *The Gravedigger File: Papers on the Subversion of the Modern Church*. (Downers Grove: InterVarsit Press, 1984, p. 44), citado por Nancy Pearcey em *Verdade absoluta*, p. 48.

[14] Dicionário Houaiss Online.

[15] Rice Broocks, *Deus não está morto*, pp. 164-170.

[16] Essas teorias têm sido estudadas amplamente por cientistas adeptos do design inteligente (teoria da criação do mundo) e pela teoria da Eva mitocondrial (um ancestral comum para toda a humanidade).

NOTAS

17 Nancy Pearcey, *Verdade absoluta*, p. 125.

18 Abril de 1981. Citado por Nancy Pearcey em *Verdade absoluta*, epígrafe.

19 Nancy Pearcey, *Verdade absoluta*, p. 34.

20 Idem, p. 57.

21 Idem, p. 58-59.

22 Idem, p. 60-61.

23 Idem, p. 140.

24 Idem, p. 151.

Capítulo 2

1 *Uma breve história do tempo: do Big Bang aos buracos negros*. Rio de Janeiro: Rocco, 1991. p. 197, citado por Rice Broocks. *Deus não está morto*, p. 14.

2 Informação extraída de < www.atea.org.br/sobre/> e www.facebook.com/ATEA.ORG.BR#. Acesso em 12 de janeiro de 2017.

3 Esse estudo foi baseado em um laboratório do pastor John Piper sobre Romanos 11:33-36, disponível em <www.desiringgod.org/labs/from-him-through-him-to-him>. Acesso em 12 de janeiro de 2017.

4 Nancy Pearcey. "Discipleship and finding truth", disponível em <www.youtube.com/watch?v=R6J1xZ3zliQ>. Acesso em 17 de dezembro de 2016.

5 Idem.

6 Abraham Kuyper, em discurso proferido na inauguração da Universidade Livre de Amsterdã, 1880. Citado por Tim Keller. *Igreja centrada*. São Paulo: Vida Nova, 2014, p. 222.

7 Nancy Pearcey. *Verdade absoluta*, p. 352.

8 Idem, p. 353.

9 Idem, p. 350.

10 Rice Broocks. *Deus não está morto*, p. 28.

[11] Idem.

[12] Idem, p. 49.

[13] Idem, p. 59.

[14] Prova disso é que um dos objetivos da Associação Brasileira de Ateus e Agnósticos que listei no começo do capítulo: "Apontar o ateísmo e o agnosticismo como caminhos filosóficos viáveis, consistentes e *morais*" (grifo meu).

[15] John Piper. "How to drink orange juice to the glory of God", disponível em <www.desiringgod.org/articles/how-to-drink-orange-juice-to-the-glory-of-god>. Acesso em 19 de janeiro de 2017.

[16] Marshall Segal. "Cannot out-dream God's plans for you", disponível em <www.desiringgod.org/articles/you-cannot-out- dream-god-s-plans-for-you>. Acesso em 19 de janeiro de 2017.

[17] Aqui vai uma explicação de como os cientistas medem a idade das coisas na Terra, caso você queira saber. O método mais usado é o da datação de elementos radioativos presentes no fóssil; e o elemento mais famoso é o carbono de massa atômica 14 (conhecido como C 14), que existe em tecidos de seres vivos (animais, plantas, e seres humanos). A quantidade de C 14 presente num organismo vivo vai diminuindo lentamente a partir da sua morte; mas, independentemente de qual seja o tipo de ser vivo, demora 5.730 anos para que aquela "reserva" de C 14 chegue à metade. Aqui começa o problema. Depois de um certo período, a taxa de C 14 vai estar tão baixa que seria impossível afirmar com qualidade e certeza a idade do fóssil. Portanto, afirmar que algo estava vivo há milhões de anos seria praticamente um chute. Os pesquisadores em geoquímica sempre buscam novos métodos de datação, pois eles mesmos reconhecem a imprecisão do C 14.

Capítulo 3

[1] "Blaise Pascal." Disponível em <www.institutopascal.org.br/visao/institucional/blaise-pascal.php>. Acesso em 30 de janeiro de 2017.

NOTAS

2. *Pensamentos*, Artigo XXII, parágrafo 1. Disponível em <www.ebooksbrasil.org/eLibris/pascal.html>. Acesso em 27 de janeiro de 2017.

3. "O sincretismo romano: como os latinos absorveram os deuses gregos." Disponível em <super.abril.com.br/historia/o-sincretismo-romano-como-os-latinos-absorveram-os-deuses-gregos/>. Acesso em 23 de janeiro de 2017.

4. "Romans: religion" [Romanos: Religião]. Disponível em <www.bbc.co.uk/schools/primaryhistory/romans/religion/>. Acesso em 23 de janeiro de 2017.

5. Idem.

6. Idem.

7. "Como foi a conversão do Império Romano ao cristianismo?" Disponível em <mundoestranho.abril.com.br/historia/como-foi-a-conversao-do-imperio-romano-ao-cristianismo/>. Acesso em 23 de janeiro de 2017.

8. "O sincretismo romano: como os latinos absorveram os deuses gregos."

9. C. S. Lewis, *Cristianismo puro e simples*, citado por Rice Broocks, *Deus não está morto*, p. 26.

10. *Institutas,* vol 1., capítulo 3.

11. *Miracles: a preliminary study* [Milagres: um estudo preliminar], citado por Rice Broocks, *Deus não está morto*, 42.

12. Nancy Pearcey, *Verdade absoluta*, p. 45.

13. Frase do filósofo John Gray, citado por Nancy Pearcey em *Verdade absoluta*, p. 45.

14. Nancy Pearcey, *Verdade absoluta*, p. 44.

15. Roy Clouser, citado por Nancy Pearcey em *Verdade absoluta*, p. 45.

16. Nancy Pearcey, *Verdade absoluta*, p. 45.

17. Rice Broocks, *Deus não está morto*, p. 27.

18. Idem.

19. Tim Keller, *Deuses falsos*, p. 11.

[20] Derek Kidner, *Gênesis: introdução e comentário*. São Paulo: Vida Nova, 1991, p. 48.

[21] Nancy Pearcey, *Verdade absoluta*, p. 26.

[22] Emily Bobrow, "David Foster Wallace, in his own words" [David Foster Wallace, em suas próprias palavras], citado por Tim Keller, *Igreja centrada*. São Paulo: Vida Nova, 2014, p. 42.

[23] Excluí a internet dessa lista porque atualmente, com as propagandas e links patrocinados, a maioria das propagandas na rede é personalizada, baseada nas últimas buscas e navegações feitas pelo usuário. Dessa forma, perdem o alcance mais amplo que saliento aqui.

[24] Kevin Shrum, "Christians are atheists" [Cristãos são ateus]. Disponível em <www.christianpost.com/news/christians-are-atheists-48633/>. Acesso em 02 de janeiro de 2017.

[25] "Christian atheists?" [Cristãos ateus?]. Disponível em <www.livingwithfaith.org/blog/christian-atheists>. Acesso em 2 de janeiro de 2017.

[26] "Christians are atheists".

[27] John Piper, "Inspired by the incredible early church" [Inspirado pela incrível igreja primitiva]. Disponível em <www.desiringgod.org/articles/inspired-by-the-incredible-early-church>. Acesso em 2 de janeiro de 017.

[28] Tim Keller, *Deuses falsos*, p. 146-147.

[29] "Estudo revela que brasileiro passa mais de nove horas por dia na internet." Disponível em <http://noticias.r7.com/tecnologia-e-ciencia/estudo-revela-que-brasileiro-passa-mais-de-nove-horas-por-dia-na-internet-23012015>. Acesso em 1º de fevereiro de 2017.

[30] P. 147-149.

Capítulo 4

[1] Érico D. Vieira e Márcia Stengel, "Individualismo, liberdade e insegurança na Pós-modernidade", em: *ECOS — Estudos*

NOTAS

Contemporâneos da Subjetividade, vol. 2, nº 2, p. 347. Disponível em <www.uff.br/periodicoshumanas/index.php/ecos/article/view/740/726>. Acesso em 14 de fevereiro de 2017.

[2] Idem, p. 348.

[3] Idem, p. 349.

[4] Idem, p. 349-350.

[5] Idem, p. 351.

[6] Cristina Galindo, "Vivemos na era do narcisismo. Como sobreviver no mundo do eu, eu, eu." Disponível em <brasil.elpais.com/brasil/2017/02/03/cultura/1486128718_178172.html>. Acesso em 10 de fevereiro de 2017.

[7] Érico D. Vieira e Márcia Stengel, "Individualismo, liberdade e insegurança na Pós-modernidade", p. 352.

[8] A história e as citações foram retiradas de *Metamorfoses*, de Ovídio, tradução de Raimundo Nonato Barbosa de Carvalho, pp. 100-105. Disponível em <www.usp.br/verve/coordenadores/raimundocarvalho/rascunhos/metamorfosesovidio-raimundocarvalho.pdf>. Acesso em 10 de fevereiro de 2017.

[9] Érico D. Vieira e Márcia Stengel, "Individualismo, liberdade e insegurança na Pós-modernidade", p. 353.

[10] Tim Elmore, "The best response to narcissism in students" [A melhor resposta ao narcisismo em colegiais]. Disponível em <growingleaders.com/blog/best-response-narcissism-students/>. Acesso em 9 de fevereiro de 2017.

[11] Cristina Galindo, "Vivemos na era do narcisismo".

[12] Tim Elmore, "The best response to narcissism in students".

[13] Cristina Galindo, "Vivemos na era do narcisismo".

[14] Tim Elmore, "The best response to narcissism in students".

[15] Rafael Sbarai, "Selfie é nova maneira de expressão. É autopromoção." Disponível em <veja.abril.com.br/tecnologia/selfie-e-nova-maneira-de-expressao-e-autopromocao/>. Acesso em 16 de fevereiro de 2017.

[16] De origem britânica, o seriado *Black Mirror* ganhou popularidade internacional em 2016, quando a Netflix retomou a série com a 3ª temporada. Cada episódio de *Black Mirror* se passa num aterrorizante universo alternativo (ou nem tão alternativo assim) em que se explora o lado obscuro e maléfico do relacionamento e dependência do ser humano para com a tecnologia.

[17] Eduardo Leal Cunha, "O hedonismo na cultura contemporânea e a felicidade em Freud: notas para uma ética do prazer." Em: V ENECULT — Encontro de Estudos Multidisciplinares em Cultura, 27 a 29 de maio de 2009. Disponível em <www.cult.ufba.br/enecult2009/19091.pdf>. Acesso em 16 de fevereiro de 2017.

[18] Érico D. Vieira e Márcia Stengel, "Individualismo, liberdade e insegurança na Pós-modernidade", p. 352.

[19] Raymundo de Lima, "Para entender o pós-modernismo". Disponível em <https://www.espacoacademico.com.br/035/35eraylima.htm>. Acesso em 16 de fevereiro de 2017.

[20] D. A. Carson, "Contrarian Reflections on Individualism" [Reflexões contracorrentes sobre o individualismo]. Disponível em <themelios.thegospelcoalition.org/article/contrarian-reflections-on-individualism>. Acesso em 15 de fevereiro de 2017.

[21] Nancy Pearcey, *Verdade absoluta*, p. 149.

[22] Idem.

[23] Tim Keller, *O Deus pródigo*. Rio de Janeiro: Thomas Nelson, 2010, p. 113-114.

[24] John Piper, "What is Christian hedonism?" [O que é hedonismo cristão?] Disponível em < www.desiringgod.org/articles/what-is-christian-hedonism>. Acesso em 17 de fevereiro de 2017.

[25] Citação extraída de *Cristianismo puro e simples*.

[26] John Piper, *Study guide for desiring God*. Minneapolis: Desiring God Ministries, 2003, p. 39.

[27] Cristina Galindo, "Vivemos na era do narcisismo".

[28] Jon Bloom, "Find your self-esteem in someone else" [Encontre sua autoestima em outra pessoa]. Disponível em

NOTAS

<www.desiringgod.org/articles/find-your-self-esteem-in-someone-else>. Acesso em 1º de fevereiro de 2017.

Capítulo 5

[1] Trecho extraído do vídeo "Titãs — Jô Soares, 1988, Parte 1". Disponível em <www.youtube.com/watch?v=So25nhTgzGo>. Acesso em 24 de fevereiro de 2017.

[2] Letícia Veloso, resenha do livro *Vida para consumo: A transformação das pessoas em mercadoria*. Disponível em <www.antropologia.com.br/res/res47.htm>. Acesso em 22 de fevereiro de 2017.

[3] Daniela Reis, "Por que consumimos tanto?" Disponível em <www.akatu.org.br/Temas/Consumo-Consciente/Posts/Por-que-consumimos-tanto>. Acesso em 22 de fevereiro de 2017.

[4] Instituto Akatu, "Brasileiro associa felicidade mais a bem-estar do que a posse de bens, indica pesquisa do Akatu". Disponível em <www.akatu.org.br/Temas/Consumo-Consciente/Posts/Brasileiro-associa-felicidade-mais-a-bem-estar-do-que-a-posse-de-bens-indica-pesquisa-do-Akatu>. Acesso em 22 de fevereiro de 2017.

[5] Daniela Reis, "Por que consumimos tanto?"

[6] Idem.

[7] Idem.

[8] Érico D. Vieira e Márcia Stengel, "Individualismo, liberdade e insegurança na Pós-modernidade", em: *ECOS — Estudos Contemporâneos da Subjetividade*, vol. 2, nº 2, p. 354. Disponível em <www.uff.br/periodicoshumanas/ index.php/ecos/article/view/740/726>. Acesso em 14 de fevereiro de 2017.

[9] Alhen Rubens, resenha do livro *Vida para consumo: A transformação das pessoas em mercadoria* (Zygmunt Bauman. Rio de Janeiro: Jorge Zahar, 2008) em *Revista Signos do Consumo*, v. 2, nº 2, 2010, p. 275. Disponível em <www.revistas.usp.br/signosdoconsumo/article/download/44368/47989>. Acesso em 22 de fevereiro de 2017.

[10] Idem, p. 279.

11 Idem, p. 277.

12 Gloria Furman, "Consumerism keeps us fed and starving" [Consumismo nos mantém alimentados e famintos]. Disponível em <www.desiringgod.org/articles/consumerism-keeps-us-fed-and-starving>. Acesso em 21 de fevereiro de 2017.

13 Alhen Rubens, resenha do livro *Vida para consumo*, p. 275.

14 Letícia Veloso, resenha do livro *Vida para consumo*.

15 "Statistic: Jesus' Teachings on Money." Disponível em <www.preachingtoday.com/illustrations/1996/december/410.html>. Acesso em 28 de fevereiro de 2017.

16 Tim Keller, *Deuses falsos*, p. 66.

17 Gloria Furman, "Consumerism keeps us fed and starving."

18 "Darwin's lost daughter" [A filha perdida de Darwin]. Disponível em <www.theguardian.com/books/2002/jun/08/featuresreviews.guardianreview42>. Acesso em 28 de fevereiro de 2017.

19 Gloria Furman, "Consumerism keeps us fed and starving."

Capítulo 6

1 "The humble origins of instant ramen" [As humildes origens do macarrão instantâneo]. Disponível em <gizmodo.com/5814099/the-humble-origins-of-instant-ramen-from-ending-world-hunger-to-space-noodles>. Acesso em 6 de março de 2017.

2 "Morre no Japão o inventor do macarrão instantâneo." Disponível em <g1.globo.com/Noticias/Mundo/0,,AA1410698-5602-1092,00.html>. Acesso em 3 de março de 2017.

3 Kenji Hall, "Remembering the ramen king" [Relembrando o rei do macarrão]. Disponível em <www.bloomberg.com/news/articles/2007-01-07/remembering-the-ramen-kingbusinessweek-business-news-stock-market-and-financial-advice>. Acesso em 3 de março de 2017.

4 Box 1824, Estudo "Sonho brasileiro", realizado em 2011. Disponível em <vimeo.com/30918170>. Acesso em 6 de março de 2017.

NOTAS

5 O episódio "Pay attention!" da série "Truques da mente" (criada pelo National Geographic Channel, e transmitida pelo Netflix) mostra a aplicação desse tipo de teste, com comentários de neurologistas acerca do ser multitarefa.

6 Travis Bradberry, "Multitasking damages your brain and career, new studies Suggest" [Ser multitarefa danifica seu cérebro e sua carreira, afirma novo estudo]. Disponível em: <www.forbes.com/sites/travisbradberry/2014/10/08/multitasking-damages-your-brain-and-career-new-studies-suggest/>. Acesso em 7 de março de 2017.

7 Camila Guimarães, "Augusto Cury: 'Não devemos sofrer por antecipação'." Disponível em <epoca.globo.com/vida/noticia/2014/01/baugusto-curyb-nao-devemos-sofrer-por-antecipacao.html>. Acesso em 7 de março de 2017.

8 Anna Carolina Rodrigues, "Multitarefa é mito. Veja como se organizar para ser eficiente." Disponível em <exame.abril.com.br/carreira/multitarefa-e-mito-veja-como-se-organizar-para-ser-eficiente/>. Acesso em 7 de março de 2017.

9 Francis Kanashiro Meneghetti, "Pragmatismo e os pragmáticos nos estudos organizacionais". Disponível em <www.scielo.br/scielo.php?script=sci_arttext&pid=S1679-39512007000100005>. Acesso em 2 de março de 2017.

10 Idem.

11 Idem.

12 Luciano Ayan, "Enfim, o pragmatismo político." Disponível em <lucianoayan.com/2014/12/12/enfim-o-pragmatismo-politico/>. Acesso em 8 de março de 2017.

13 Dane C. Ortlund, "Truthfulness in usefulness: stanley fish and American literary pragmatism" [Verdade é utilidade: Stanley Fish e o pramatismo literário norte-americano]. Disponível em <themelios.thegospelcoalition.org/article/truthfulness-in-usefulness-stanley-fish-and-american-literary-pragmatism>. Acesso em 2 de março de 2017.

14 Dane C. Ortlund, "Truthfulness in usefulness: stanley fish and American literary pragmatism."

15 Andy Johnson, "Pragmatism, pragmatism everywhere!" [Pragmatismo, pragmatismo em todos os lugares]. Disponível em <9marks.org/article/pragmatism-pragmatism-everywhere/>. Acesso em 9 de março de 2017.

16 Wayne Grudem, *Systematic Theology*. Grand Rapids: Zondervan, 2007, p. 73, citado por Andy Johnson, "Pragmatism, pragmatism everywhere!"

17 Tim Keller, "Sabbath Rest" [Descanso sabático]. Disponível em <dailykeller.com/sabbath-rest/>. Acesso em 13 de março de 2017.

18 Idem.

19 Idem.

20 Termo "merizó". Disponível em <biblehub.com/greek/3307.htm>. Acesso em 20 de fevereiro de 2017.

21 Termo "chronos". Disponível em <biblehub.com/greek/5550.htm>. Acesso em 13 de março de 2017.

22 Termo "kronos". Disponível em <www.theoi.com/Titan/TitanKronos.html>. Acesso em 13 de março de 2017.

23 Termo "kairos". Disponível em <biblehub.com/greek/2540.htm>. Acesso em 13 de março de 2017.

24 São Paulo: Editora Vida, 1983.

25 Ana Carolina Prado, "Estudo mostra como meditação 'mindfulness' beneficia o cérebro." Disponível em <super.abril.com.br/blog/como-pessoas-funcionam/estudo-mostra-como-meditacao-mindfulness-beneficia-o-cerebro/>. Acesso em 7 de março de 2017.

Conclusão

1 Todas as respostas foram formuladas a partir de informações da Confissão de fé de Westminster (disponível em <www.teologia.org.br/estudos/confissao_westminster.pdf>) e do New City Cathecism (disponível em <www.newcitycatechism.com/New_City_Catechism.pdf>).

NOTAS

[2] Tim Keller, "The Gospel and the Supremacy of Christ in a Postmodern World", *in* John Piper e Justin Taylor (eds.), *The Supremacy of Christ in a Postmodern World*, p. 104-105.

[3] Idem, p. 103-104.

[4] Ray Ortlund, "The Most Important Thing Outside The Bible I Ever Read" [A coisa mais importante que já li fora da Bíblia]. Disponível em: <blogs.thegospelcoalition.org/rayor tlund/2016/04/09/the-most-important-thing-outside-the-bible-i-have-ever-read/>. Acesso em 16 de março de 2017.

SOBRE O AUTOR

Richarde Barbosa Guerra é natural de Belo Horizonte e, desde cedo, dedicou-se a investigar a natureza dos sistemas que nos rodeiam. Começou estudando Química industrial no CEFET MG, depois cursou Química pura na UFMG onde também cursou Astrofísica e tem mestrado em Geologia ainda não concluído. Em seguida, investiu na Teologia, área em que é pós-graduado em Estudos Pastorais e mestre em Teologia da Ação Pastoral, ambos pela FATE BH. Paralelamente, lecionou Química e Teologia em várias escolas, cursinhos, faculdades e seminários durante vinte anos. No Centro de Treinamento Ministerial Diante do Trono, foi titular da cadeira de Transformação e Cosmovisão por onze anos, experiência essencial para escrever este livro. Foi diretor do curso de Química da Unincor até encerrar a carreira de professor de Química Analítica e se dedicar exclusivamente ao ministério pastoral. É membro da Igreja Batista desde 2000 e pastor da mesma desde 2006, assumindo em 2012 a liderança da juventude junto com o Pr. Lucinho Barreto. Atualmente, é professor do Seminário Teológico Carisma. Este é o vigésimo livro de sua autoria. A partir de 2014, passou a se envolver na implantação de novas unidades desta Igreja e hoje coordena, como pastor, cerca de 60 delas em BH, interior de Minas e em diversos estados do Brasil, bem como em vários países (EUA, Nepal, Colômbia, Panamá, Portugal, Espanha, Inglaterra e Jordânia). É também roteirista de história em quadrinhos, sendo autor do Mangá Eclesiástico. É casado com a professora de Química Priscila Guerra e tem dois filhos: Daniel e Josué.

Este livro foi impresso em 2025, pela Vozes,
para a Thomas Nelson Brasil. A fonte usada
no miolo é Chaparral Pro corpo 11,5.
O papel do miolo é avena 80 g/m².